Bernard Jakoby

Keine Seele geht verloren

Bernard Jakoby

Keine Seele
geht verloren

*Hilfe und Hoffnung bei
plötzlichen Todesfällen und Suizid*

nymphenburger

Besuchen Sie uns im Internet unter
www.nymphenburger-verlag.de

1. Auflage September 2003
2. Auflage Dezember 2003
3. Auflage November 2004
4. Auflage März 2007
5. Auflage September 2010

© nymphenburger in der
F. A. Herbig Verlagsbuchhandlung GmbH, München
Alle Rechte vorbehalten
Schutzumschlaggestaltung: Wolfgang Heinzel
Satz: Filmsatz Schröter GmbH, München
Gesetzt aus: 11,1/14,4 Punkt Rotis Sans Serif
Druck und Binden: CPI Moravia Books GmbH
Printed in the EU
ISBN 978-3-485-01332-1

INHALT

Zweiter Teil

EINLEITUNG

Das Schicksal Sterbewilliger fällt seit Jahren in eine Grauzone, da es bisher keine Rechtssicherheit oder Klarheit hinsichtlich des Abbruchs von lebenserhaltenden Maßnahmen gab. Die neue Grundsatzentscheidung des Bundesgerichtshofes vom März 2003 zur Patientenverfügung betrifft jeden Einzelnen von uns in existentieller Weise. Heftig umstritten ist die Frage, inwieweit der Mensch über sein Lebensende selbst bestimmen kann.

Der BGH entschied, dass in Zukunft das Selbstbestimmungsrecht eines Sterbenden über sein Lebensende mehr gestärkt werden soll. Das bedeutet, dass eine Patientenverfügung rechtsverbindlich den Willen eines Menschen repräsentiert. Bei Unstimmigkeiten zwischen dem Arzt und dem Betreuer muss das Vormundschaftsgericht eingeschaltet werden, damit der Wille eines Sterbenden eindeutig festgestellt werden kann. Der Arzt bleibt der Entscheidungsträger, der über Abbruch oder Fortführung lebenserhaltender Maßnahmen zu befinden hat. Eine zulässige Sterbehilfe setzt in Deutschland voraus, dass ein Leiden des Kranken unumkehrbar ist.

Da der Sterbeprozess des Mensch in vielen Fällen keine Auskunft darüber erteilt, wie nahe ein bevorstehender Tod tatsächlich ist, wird diese Entscheidung zur Folge haben, dass sich immer mehr Ärzte und Begleitende mit dem Sterbeprozess intensiv auseinandersetzen müssen. Neueste Einsichten in den inneren Wandlungsprozess, den jeder Sterbende durchläuft, werden als Ausgangspunkt für dieses Buch dargestellt. Der

Sterbeprozess des Menschen enthält zahlreiche Elemente der Nahtoderfahrung, die uns aufzeigen, was wir erleben werden, wenn wir sterben. Indem wir das Geschehen auf dem Sterbebett durchschauen, verlieren wir die Angst und die Unsicherheit angesichts des Sterbens eines uns nahe stehenden Menschen. Der Sterbeprozess ist universaler Natur und verläuft auf der ganzen Welt gleich. Ähnlichkeiten zwischen Geburt und Tod werden offenbar.

Die Untersuchungen zum plötzlichen Tod eines Menschen durch Unfall oder Gewalteinwirkungen zeigen, dass viele Betroffene ihren bevorstehenden Tod geahnt haben. Es gibt ein spezifisches Muster, das aufzeigt, wie sich Persönlichkeitsveränderungen eines Menschen kurz vor seinem Tod manifestieren. Wie sich zeigen wird, sind diese Veränderungen vergleichbar mit dem inneren Erleben Sterbender. Kein Tod ereignet sich also zufällig. Der Übergang in die andere Welt ist unabhängig von der Todesart. So sind die geistigen Hintergründe des Todes ein Schwerpunkt dieses Buches.

Das lässt sich besonders deutlich an den Vorahnungen sterbender Kinder aufzeichnen. Die Bedeutung von Totgeburt und frühem Kindstod wird ebenso dargestellt, wie auch auf die Wichtigkeit des Abschiednehmens durch Angehörige gerade bei einem plötzlichen Tod hingewiesen wird. Der Tod durch Naturkatastrophen, Krieg, Massenunglücke oder Terrorattentate wird genauestens erläutert.

Im zweiten Teil des Buches geht es um den Suizid, der ebenfalls zu den unerwarteten Todesarten zählt. Spektakuläre Suizidfälle finden wir fast täglich in den Tageszeitungen. Jüngstes Beispiel ist der aufsehenerregende Tod von Jürgen Möllemann am 5. Juni 2003. An dem Tag der Aufhebung seiner Immunität und der Durchsuchung seiner Wohnung stürzte sich der Politiker durch einen Fallschirmsprung in den Tod. Der Fall Möllemann brachte das Suizidthema wieder einmal in alle großen Medien Deutschlands, wie vorher bei Hannelore Kohl oder Kurt Cobain. Heute sind besonders Jugendliche gefährdet. Die Anzahl von Suizidversuchen und vollendetem Suizid steigen in dramatischer Form. In den Freitodforen des Internets verabreden sich Teenager zum gemeinsamen Sterben. Diese Suizidforen werden erstmals genauer untersucht.

Der Schwerpunkt des Suizidthemas liegt in der Frage, was mit einem Selbstmörder nach seinem Tod geschieht. Erstmals werden die Ergebnisse der Sterbeforschung dargestellt: Es gibt zahlreiche Berichte von Menschen, die den Versuch unternommen haben, sich das Leben zu nehmen und dabei eine Nahtoderfahrung gemacht haben. Obwohl ungelöste Probleme auch nach dem Tod bestehen bleiben, gibt es keine Strafe, sondern Verständnis und Hilfe. Daneben vermitteln spontane Kontakte mit Verstorbenen und die Aussagen bekannter Medien einen Einblick in das nachtodliche Erleben von Suizidanten. Der Suizid ist eine von vielen möglichen Todesarten, wobei er dringend aus negativ moralisierenden Bewertungen herausgeholt werden muss.

Dieses Buch will vor allem den Angehörigen, die mit einem plötzlichen Tod konfrontiert sind, Trost und Hilfe geben.

Erster Teil

1. KAPITEL

Das Bewusstsein existiert unabhängig vom Gehirn

In diesem Kapitel erfahren Sie

• die aktuellen Ergebnisse der europäischen Sterbeforschung

• von den Persönlichkeitsveränderungen nach einer Nahtoderfahrung

• wie schwer es Betroffene haben, eine Nahtoderfahrung zu verarbeiten

• von der Bedeutung der Nahtoderfahrung für unser Leben und Sterben

Die Nahtoderfahrung

Damit der Leser die folgenden Ausführungen über den Sterbeprozess, die unterschiedlichen Todesarten und den Suizid nachvollziehen kann, wiederhole ich zu Beginn die wesentlichen Erkenntnisse der Sterbeforschung. Genauere Details hierüber
können Sie in meinen vorangegangenen Büchern finden.

Aktuelle Ergebnisse mehrerer empirisch-medizinischer Studien
zur Nahtoderfahrung zeigen, dass ihre Existenz und Bedeutung
auch wissenschaftlich nicht mehr wegdiskutiert werden kann.
Der Vorgang des Sterbens beinhaltet einen bestimmten Kode,
der sich zu allen Zeiten und in allen Kulturen auffinden lässt.
Der Herzspezialist Pim van Lommel aus Arnheim legte Anfang
2002 die erste große prospektive Studie vor: Sein Team befrag-
te 344 Patienten, die nach einem Herzstillstand erfolgreich re-
animiert wurden, innerhalb von fünf Tagen nach der Wieder-
belebung. 61 von diesen hatten eine Nahtoderfahrung und
davon 41 eine tiefe Kernerfahrung.[1] Diese Ergebnisse wurden in
der wichtigen medizinischen Fachzeitschrift »The Lancet« veröffentlicht und beschäftigen seither Wissenschaftler auf der
ganzen Welt. Dabei wurde der Kode der Nahtoderfahrung vom
holländischen Forschungsteam bestätigt, der aus folgenden
Elementen besteht:

• die Wahrnehmung gestorben zu sein und keinen Schmerz zu
empfinden
• die außerkörperliche Erfahrung
• angenehme Gefühle
• der Übergang in die andere Welt durch den Tunnel

- die Wahrnehmung des Lichts
- die Begegnung mit verstorbenen Angehörigen
- die Lebensrückschau
- eine Grenze, die nicht überschritten werden konnte und somit zu einer meist widerwilligen Rückkehr führte

Elisabeth berichtete mir folgendes Beispiel: »Kurz nach dem Tod meines Vaters brach bei mir eine schwere Erkrankung aus. Mein Körper zerfiel langsam, und ich musste viele Operationen über mich ergehen lassen. In dieser schweren Zeit verstarb auch noch mein Lebenspartner, und ich haderte mit Gott.

An dem Tag meiner Nahtoderfahrung ging es mir sehr schlecht. Ich spürte, dass etwas Unbekanntes auf mich zukam und hatte Angst. Ich war schon halb bewusstlos, als der Arzt zu meiner Mutter sagte, dass ich diese Nacht wohl nicht überleben werde. Ich spürte eine Wut auf diesen Arzt, wie er so etwas in meiner Gegenwart sagen kann. Dann zog mich ein sanfter Sog nach oben. Mein Körper fühlte sich kalt an, doch ich verspürte keine Schmerzen mehr. Aber ich hatte Angst. Ich wusste in diesem Moment, dass ich sterbe. Auf einmal war alles gleichzeitig: Ich befand mich in einer Art Tunnel und sah an dessen Ende ein helles Licht. Zur gleichen Zeit sah ich meine Mutter weinend an meinem Bett sitzen. Das Licht am Ende des Tunnels war sehr hell und strahlte Liebe und Wärme aus. Es war unbeschreiblich, und meine Angst wurde kleiner. Auf einmal erkannte ich in diesem Licht meinen Vater. Woher kam er, und was tut er hier? Er ist doch tot! Ich war verwirrt und gleichzeitig glücklich, ihn zu sehen. Mein Vater reichte mir die Hand. In diesem Moment wusste ich, wenn ich die Hand ergreife, gibt es kein Zurück mehr für mich. Ich hatte die Wahl zwischen Leben und Tod, schaute gleichzeitig auf meine Mutter, die mich noch brauchte. Was sollte ich tun? Da zog mein Vater seine Hand zurück, und mir wurde sofort klar, dass ich nun wieder zurück muss.

Doch nun wollte ich nicht mehr zurückkehren, da ich diese unfassbare Liebe als sehr angenehm empfand. Aber es half nichts: Ich war wieder in meinem Körper und hatte entsetzliche Schmerzen.

Mein Erlebnis hinterließ tiefe Spuren in meinem Leben. Ich bin ruhiger, gelassener und spiritueller geworden. Durch eine intensive Auseinandersetzung mit dem Tod bekam ich sogar meine Erkrankung in den Griff.«

An diesem Beispiel zeigt sich in aller Deutlichkeit, dass die Anfangsphase einer Nahtoderfahrung mit Unsicherheit und Angst verbunden ist: Die Tatsache, sich außerhalb des Körpers zu befinden, das Erstaunen über die Anwesenheit des verstorbenen Vaters, das intuitive Wissen, eine endgültige Wahl treffen zu können. Das überraschende Erleben eines völlig anderen Bewusstseinszustandes und einer anderen Seinsdimension kann also durchaus irritierend sein. Je mehr sich aber ein Mensch in eine solche Erfahrung fallen lässt, umso angenehmer und positiver wird die Nahtoderfahrung erlebt. Dann erst kann sie sich voll entfalten.

Die wesentlichen Ergebnisse der neuen Nahtodstudien

Nach der Auswertung seiner Daten kam Pim van Lommel als Schulmediziner zu einer überraschenden Schlussfolgerung: »Was wir nun wissen, ist, dass die üblichen Erklärungen für Nahtoderfahrungen nicht stimmen. Sie treten nicht aufgrund von absterbenden Hirnzellen oder einer Veränderung der Blutzufuhr auf. Auch das Alter, Geschlecht, der Beruf oder die Religion spielen keine Rolle«, sagte er gegenüber dem holländischen »Telegraf«.[2]

Lommels Ergebnisse belegen, dass ein Mensch über Bewusstsein und Selbstbewusstsein verfügt, selbst wenn sein Gehirn nicht mehr funktioniert. Eine Parallelstudie an der Universität Southampton unter der Leitung des Kardiologen Sam Parnia ergab einen ähnlichen Befund: »All diese Nahtoderlebnisse müssen in tiefer Bewusstlosigkeit entstanden sein. Das ist ein überraschendes Ergebnis, weil bei einem tief komatösen Patienten die Gehirnstrukturen schwer beeinträchtigt sind, auch jene, die das Gedächtnis und die subjektiven Erfahrungen unterstützen.«[3] Parnia bestätigte aufgrund seiner Erkenntnisse das Vorhandensein der menschlichen Seele.

Beide Forschungsgruppen wiesen nach, dass etwa 18 Prozent aller Patienten zum Zeitpunkt ihres klinischen Todes nicht nur über ein volles Bewusstsein verfügten, sondern Dinge wahrnehmen konnten, die sie vom Ort ihres klinischen Todes aus niemals sehen konnten! Damit sind physiologische Erklärungen ausgeschlossen: Wäre das viel zitierte Argument von Sauerstoffmangel der Grund für eine solche Erfahrung, dann müssten *alle* Patienten über eine solche Nahtoderfahrung berichten.

So bleibt als einzig logische Erklärung, dass Bewusstsein unabhängig vom Gehirn existiert. Wenn das Gehirn nicht der Schöpfer des Bewusstseins ist – was ja das vorherrschende wissenschaftliche Paradigma aussagt –, so kann das Gehirn nur eine Art Empfänger sein. Das wurde in einem Interview von van Lommel so ausgedrückt: »Das Gehirn empfängt Bewusstsein. Wenn das Gehirn nicht mehr funktioniert, besteht die Möglichkeit, dass das Selbstbewusstsein zusammen mit dem Bewusstsein und den Erinnerungen außerhalb des Gehirns existiert.«[4]

Die Tatsache der außerkörperlichen Erfahrungen lässt sich nur dadurch erklären, dass Bewusstsein unabhängig vom Gehirn existiert. Es kann sich hierbei auch keineswegs um Restwahrnehmungen der körperlichen Sinne handeln. Wenn das so wäre, könnte eine bewusstlose und klinisch tote Person allenfalls über Dinge berichten, die sich im unmittelbaren Umfeld ihres Körpers ereignen.

Bei den außerkörperlichen Erfahrungen erweitert sich die Perspektive der Wahrnehmung, wie sie im Körper niemals möglich ist. Wenn ein Bewusstsein über dem Geschehen schwebt, nimmt es alle Dinge gleichzeitig wahr, die sich im Raum befinden. Es kann sich sogar auf bestimmte Details einstellen, so dass später beispielsweise das Typenschild eines medizinischen Gerätes identifiziert wird. In dem Moment, wo an eine bestimmte Person gedacht wird, befindet sich das Bewusstsein in ihrer Gegenwart – und das alles gleichzeitig.

Persönlichkeitsveränderungen

Ein wesentlicher Bestandteil der Hollandstudie sind die Persönlichkeitsveränderungen der Betroffenen nach einem Nahtoderlebnis. Diese wurden erstmalig in Europa erfasst.

Um die Persönlichkeitsveränderung zu belegen, wurden die Patienten zwei und acht Jahre später erneut befragt. Alle, die eine NTE (Nahtoderfahrung) erlebt hatten, erinnerten sich genauestens an ihr Erlebnis. Die Studie war die erste, die mit Kontrollgruppen auch der Patienten arbeitete, die keine Todesnäheerlebnisse hatten. Es zeigte sich, dass es etwa sieben Jahre dauert, bis eine NTE in die Persönlichkeit eines Menschen integriert werden kann.

Die eigentlichen Veränderungen bestehen in neuen sozialen Einstellungen und ethischen Werten: Menschen mit NTE zeigen eher eigene Gefühle, sie akzeptieren und verstehen andere

Menschen, wie sie sind. Sie sind liebevoller und intuitiver und verstehen nun den Sinn ihres Lebens. Sie werden häufig spirituell.

Durch die Begegnung mit dem Licht verschwindet die Angst vor dem Tod und es ist eine eindeutige Zunahme des Glaubens an ein Leben nach dem Tod festzustellen. Manche erleben heftig ausbrechende paranormale Phänomene.

Die Persönlichkeitsveränderung ist ein lang andauernder Prozess, der den Einzelnen stark fordert. Jeder Erlebende hat die Wahl, inwieweit er sich auf eine Umorientierung überhaupt einlässt. Zwar bleibt die Erinnerung an den außerkörperlichen Bewusstseinszustand für immer bestehen, aber das Individuum kann darüber entscheiden, inwieweit das Erlebte sein Leben verändert oder nicht.

Durch eine Nahtoderfahrung wird kein Problem automatisch gelöst und der anschließende Lernprozess verläuft häufig gegen die Widerstände der Umwelt. Dieser Prozess kann mit Orientierungslosigkeit und mitunter sogar erheblichen psychischen Problemen einhergehen. Im privaten Bereich führt die Neuorientierung des Lebens zu Trennungen und Scheidungen. Solange die Gesellschaft es noch nicht zulässt, mit dem Pflegepersonal oder dem Lebenspartner offen über das Erlebte zu sprechen, kann ein Todesnäheerlebnis zu traumatischen Auswirkungen führen. Um das Erlebte verarbeiten zu können, brauchen Menschen nach einer Nahtoderfahrung in besonderer Weise das Verständnis ihrer Umwelt. Andere leiden jahrelang unter Todessehnsucht, weil sie sich in die Geborgenheit des Lichtes zurückwünschen.

Der transformierende Aspekt ist überraschend für ein Erlebnis, das nur wenige Minuten dauert. In der Hollandstudie war es ein kurzer Herzstillstand von maximal fünf bis zehn Minuten! Die Wissenschaftler stellten fest, dass die Inhalte von Nahtoderfahrungen und ihre Auswirkungen weltweit in allen Kulturen und zu allen Zeiten ähnlich sind.

Eine Frau berichtete über die Spuren, die ihre Nahtoderfahrung in ihrem Leben hinterlassen hat: »Ich begann immer mehr aus dem Herzen zu leben. Ich habe mich sehr verändert, ohne das zu wollen. Es war schon ein schwieriger Prozess, der mir sehr schwer gefallen ist. Aber ich bin dadurch ein fröhlicherer, offenerer Mensch geworden.

Ich habe gespürt, dass ich mehr bin, als nur mein Körper. Mein Körper ist nur ein Teil meiner Persönlichkeit. Und ich spüre jetzt, dass ich mehr aus meinem Leben machen kann, als ich je gedacht hatte. Mir ist klar geworden, was das Wesentliche ist, warum wir auf dieser Erde sind.«

Eine Nahtoderfahrung ist gekennzeichnet durch ein klares und geordnetes Erleben. Das steht eindeutig im Gegensatz zu Halluzinationen, die mit Ängsten und wirren Vorstellungen verbunden sind. Nahtoderfahrungen haben immer subjektiv geprägte Anteile: Jeder Mensch reagiert auf einen veränderten Bewusstseinszustand anders. Die kulturellen und religiösen Faktoren bestimmen darüber, wie eine solche Erfahrung beschrieben und interpretiert wird.

Weltweit zeigt sich, auf der Grundlage zahlloser Forschungsergebnisse, dass Nahtoderfahrungen der Ausdruck eines völlig anderen Bewusstseinszustandes sind. Sie beinhalten die Begegnung mit einer raum- und zeitlosen Dimension, in der alle Dinge gleichzeitig geschehen. Während dieses transzendenten Zustandes funktionieren die Sinneswahrnehmungen, Gefühle und die Identität des Erlebenden unabhängig vom normalen Wachbewusstsein, das an den Körper gebunden ist und sich zu diesem Zeitpunkt bewusstlos an dem Ort des klinischen Todes befindet.

Die Ergebnisse der Lommelstudie werden weltweit von Wissenschaftlern analysiert und betrachtet. Zahlreiche Wissenschaftsmagazine in Presse und Fernsehen berichteten im vergangenen Jahr immer wieder darüber.

Die neuen wissenschaftlichen Erkenntnisse der Sterbeforschung werden eine neue Ära in der Erforschung des menschlichen Bewusstseins einläuten. Pim van Lommel wird seine Studien zur Todesnäheerfahrung weiterführen, wobei der Versuch im Vordergrund stehen wird, eine schlüssige Theorie des menschlichen Bewusstseins zu entwerfen. In einem Interview sagte er dazu Ende 2002:

»Ich arbeite an einem weiteren Artikel, in dem ich versuche, eine Erklärung dafür zu geben, wie es möglich ist, dass es zwischen unserem Gehirn mit all seinen neurophysiologischen Prozessen und unseren sich ständig erneuernden Körperzellen eine Verbindung zu unserem Bewusstsein gibt und wie diese Interaktion erklärt werden kann. Damit sind wir gleich in der Quantenmechanik und bei Begriffen wie *non local interconnectedness*, womit gemeint ist, dass alle Ereignisse miteinander verbunden sind und sich gegenseitig beeinflussen. Das sind Prinzipien, die man in die Diskussion über die Nahtodeserfahrung, über das Bewusstsein, die Erinnerung und das Gehirn einbringen kann. Ich versuche nun, dem eine mehr wissenschaftliche Grundlage in unserer Serie zu geben. Aber das ist recht schwierig, weil, wo immer man die Quantenmechanik anwendet, man viele verschiedene wissenschaftliche Richtungen zusammenbringen muss. In der Quantenmechanik gilt die Voraussetzung, dass es keine Objektivität gibt. Alles ist subjektiv. Es kann bewiesen werden, dass sich das Licht in einigen Experimenten wie Teilchen (Photone) verhält und in anderen wie Wellen. Beides trifft zu. Das ist Subjektivität. Alles beeinflusst sich gegenseitig; auch der Beobachter beeinflusst das Ergebnis einer beobachtbaren Begebenheit. Das ist die Grundlage der Quantenmechanik.«[5]

Die nächsten Jahre werden noch viele neue Details über die Nahtoderfahrung und ihre Bedeutung für unser Leben zutage fördern. Es wird unsere Aufgabe bleiben, das heutige Wissen über Sterben und Tod auch tatsächlich umzusetzen. Die Bedeutung der Nahtoderfahrung zeigt sich vor allem im Sterbeprozess des Menschen. Und der betrifft jeden von uns!

2. KAPITEL

Der Prozess des Sterbens

In diesem Kapitel erfahren Sie

• dass die Erfahrung von Geburt und Tod Ähnlichkeiten aufweisen

• was durch die unterschiedlichen Sterbephasen im Inneren eines Menschen geschieht

• von der Bedeutung der Sterbebettvision

• vom akuten Pflegenotstand in Deutschland

• wie die Patientenverfügungen vom Bundesgerichtshof neu bestimmt wurden

Der innere Wandel im Sterbeprozess

Wenn sich im Sterben des Menschen die Seele vom Körper löst, ist das mit einem länger andauernden Prozess verbunden. Das Sterben ist kein Ereignis, das sich auf einen bestimmten Zeitpunkt beschränken lässt. Es ist stets verbunden mit dem größtmöglichen Wandel des menschlichen Bewusstseins, den wir Tod nennen. Dabei werden ungeheure Energiemassen freigesetzt.

Was sich im inneren Erleben eines Sterbenden abspielt und welche Bewusstseinszustände dabei erfahren werden, wird schon im Bardo Thödol, das bei uns als »Das Tibetische Buch der Toten« bekannt ist, ausführlich beschrieben. Die Totenbücher aller Zeiten sind für die Lebenden und Sterbenden als Wegweiser und Hilfe geschrieben worden. Jeder von uns, der Angehörige begleiten will sowie professionelle Helfer sollten die unterschiedlichen Merkmale des Bewusstseinswandels kennen. Die unterschiedlichen Sterbephasen zeigen sich ebenfalls im Kode der Nahtoderfahrung. Am Ende unseres Lebens geht es immer darum, sich endgültig von der Verhaftung an die Materie zu lösen, damit der Sterbende sich in die Ewigkeit fallen lassen kann. Das wird dann als Vollendung bezeichnet.

Wenn ein Sterbender seinen Frieden gefunden hat, zieht er seine Wahrnehmung aus der materiellen Welt zurück, um sie nun endgültig auf die geistige Welt zu richten. Er kann loslassen und sich in den Tod fallen lassen. Tiefe Ruhe tritt ein.

Eine Frau berichtete mir von einem Erlebnis bei einer Sterbebegleitung, bei der diese Vollendung sichtbar wurde: »Hilde wehrte sich lange gegen ihren Tod. Am letzten Tag starrte sie nur noch auf die weiße Wand vor sich. Plötzlich sagte sie: ›Bitte machen Sie die Tür auf.‹ Ich verstand, dass es sich um eine Tür handelte, die nur für sie real war. Es war die Tür, die sie durchschreiten musste, um auf die andere Seite zu gelangen. Dann drehte sich Hilde plötzlich auf den Rücken. Ihre Augen öffneten sich weit und ein seliges Lächeln verklärte ihre Züge. Ich habe noch nie jemanden gesehen, der so schön war, mit so innerlich strahlenden Augen. Ihr staunender Blick streifte durch das Zimmer, als sähe sie Dinge, die nicht zu beschreiben sind. Ich spürte ihre Seligkeit. Kurz darauf starb sie. Ihr Antlitz war friedlich und strahlte eine unbeschreibliche Ruhe und Entrücktheit aus.«

Wir erfahren schon in unserem Alltagsleben einen Bewusstseinswandel, wenn wir spirituelle Durchbrüche erleben. Dabei treten wir mit unserem eigenen inneren Wissen vom Vorhandensein einer Kraft, die uns trägt, in Berührung. Wir verstehen plötzlich, dass alles einen tieferen Sinn hat und zusammengehört. Das kann durch tiefe Meditationen ausgelöst werden, durch spontane Gotteserfahrungen, durch intensives Gebet oder durch Todesnäheerlebnisse. Auch in weitreichenden psychotherapeutischen Prozessen oder durch Familienaufstellungen können derartige geistige Durchbrüche erlebt werden. Die unterschiedlichen Formen haben gemeinsam, dass wir mit einer anderen Dimension des Seins konfrontiert werden. Danach fühlen wir uns freier und glücklicher und verstehen, dass wir Teil eines großen Ganzen sind. Wir erleben, was in allen Weisheitstraditionen als der »kleine Tod« bezeichnet wird, da sich der Geist vom Körper lockert und eine Bewusstseinserweiterung erfahren wird. Ein solches Erleben ist mit einigen Elementen des tatsächlichen Sterbens vergleichbar.

Die Ohnmächtigkeit der Angehörigen und des Pflegepersonals

Angehörige, Pflegepersonal und Therapeuten unterschätzen die Tatsache, dass ein Sterbender geistig wach ist und die Hilflosigkeit und Resignation in seinem Umfeld wahrnimmt. Der Übergang wird von einem sterbenden Menschen völlig anders erlebt, als wir dies im Außen erkennen können.

Das eigentliche Problem in der heutigen Zeit ist es, dass die meisten Menschen dem Sterben von Angehörigen ohnmächtig, verzweifelt und ratlos gegenüberstehen. Das gilt ebenfalls für zahlreiche professionelle Helfer. Da der Sterbeprozess nicht verstanden wird, ist das Sichtbarwerden der hellsichtigen Phänomene, die vom Sterbenden berichtet werden und sich in den Sterbezimmern auf der ganzen Welt wiederholen, der eigentliche Grund für diese Ohnmächtigkeit.

Dieser Stimmungsaufschwung kurz vor dem Tod, der als *Sterbebettvision* bezeichnet wird, wurde durch die Sterbeforschung auf der ganzen Welt und unabhängig von der jeweiligen Kultur und Religion dokumentiert. Die erstaunliche plötzliche Wandlung im Gesichtsausdruck eines Sterbenden und die damit einhergehende Bewusstseinserweiterung ist ein integraler Bestandteil des Sterbeprozesses. Das sind dann auch die Augenblicke, in denen ein sterbender Mensch davon spricht, von vorangegangenen Angehörigen abgeholt zu werden.

Eine Krankenschwester erzählte mir zwei prägnante Beispiele: »Ein Mann hatte eine schwere Lungenentzündung nach einer schwierigen Magenoperation. Er litt unter sehr starken Schmerzen und lag im Sterben. Dann entspannte sich plötzlich sein Gesicht und er schien fast heiter zu sein, als ob er etwas Wunderschönes erblicken würde. Seine schmerzverzerrten Züge glätteten sich und er strahlte. Die Haut war weich und durchscheinend. Dieser Anblick hat sich mir für immer eingeprägt. Eine Stunde später starb der Mann.«

Im nächsten Beispiel geht es um das Erscheinen einer Verstorbenen: »Ein Geschäftsmann litt an einer tödlichen Infektion. Plötzlich streckte er seine Hände aus und fing an zu strahlen, so als ob er eine Erscheinung habe. Ich fragte ihn, was er sah, er sagte, dass seine Frau vor ihm stehe und ihn erwarte, es sei aber noch ein Fluss zu überqueren, der sie trenne. Dann wurde er sehr ruhig und friedlich. Er verlor jegliche Angst und starb wenig später.«

Nicht immer erfährt ein Sterbender die Vollendung. Es ist darauf zu verweisen, dass manche ihre innere Verhärtung nicht loslassen können. Die Betroffenen bäumen sich dann bis zuletzt gegen den sich nahenden Tod auf.

Das Sterben und der Tod des Menschen sind keine rationalen Ereignisse. Gerade deswegen werden die Begleiterscheinungen weder verstanden noch richtig eingeordnet. Das wichtigste Geschehen auf dem Sterbebett ist die innere Wandlung des Betroffenen: Das ist ein geistiger Prozess, der mit der Freisetzung von enormen Energiemengen verbunden ist. So wie jeder Mensch diese Energien aufbringt, wenn er geboren wird, so müssen diese ebenso aktiviert werden, wenn der Körper abgestreift wird. Es ist sicherlich wichtig, den Sterbenden trocken und schmerzfrei zu halten, aber der körperliche Prozess sollte nicht im Mittelpunkt der Betrachtung stehen, sondern der innere Wandlungsprozess. Das ist ein Thema, das jeden von uns angeht. Das Sterben ist keine private Angelegenheit. Was dem heutigen Menschen fehlt, ist ein Vertrauen in die Natur, die uns zu leben und zu sterben lehrt.

Die verschiedenen Bewusstseinszustände des Menschen

Grundsätzlich gibt es fünf unterschiedliche Bewusstseinszustände, die sowohl im Leben als auch im Sterben durchlaufen werden: das Wachbewusstsein, das Traumbewusstsein, Versenkung, d. h. das Erleben eines erweiterten Bewusstseinszustandes, das Todeserlebnis als Wechsel der Bewusstseinsebene sowie die Erfahrung der letzten Wirklichkeit, also Erleuchtung und Vollendung nach dem Tod. Diese fünf Wandlungsphasen münden in die Umkehrung unseres Bewusstseins im Tod, wobei durch das Abstreifen des Körpers der Geist in einer anderen Form weiterbesteht.

Das Vorhandensein dieser verschiedenen Bewusstseinszustände wird auch durch die Nahtoderfahrungen belegt. Diese Menschen lösen sich bis zu einem bestimmten Grad von ihrem Körper: Das berühmte Tunnelerlebnis zeigt anschaulich das Vorhandensein eines Geburtskanals im Sterben, das Bewusstsein erlebt sich unabhängig vom Körper und kann sich in Gedankenschnelle überall hinbewegen, wo es sein will. Es kommt zu Begegnungen mit Verstorbenen oder Lichtwesen und zu einer Verschmelzung mit dem hellen Licht, das als Liebe erfahren wird.

Die Abfolge des Kodes der Nahtoderfahrung zeigt sich auch im inneren Erleben Sterbender. Die Bewusstseinszustände im Sterbeprozess sind universeller Natur und werden auf der ganzen Welt ähnlich erlebt. Die inneren Wandlungsphasen erfolgen wellenartig und sind den Wehen der Geburt sehr ähnlich.

In der menschlichen Geschichte hat es von Anbeginn Hinweise auf das Geschehen beim Sterben gegeben. Heute zeigt sich, dass in den alten Schriften ebenso wie in den heutigen Nahtoderfahrungen die unterschiedlichen Wandlungsphasen des Sterbens vorhanden sind. Das Wissen um diese inneren Vorgänge kann uns die Angst vor dem eigenen Tod wie auch vor dem der anderen nehmen. Wir können den Sterbeprozess besser verstehen, wenn wir die sich offenbarenden Phänomene verstehen.[6] Im Folgenden werden nun genau die unterschiedlichen Wandlungsphasen im Sterbeprozess beschrieben.

Die erste Phase des Sterbeprozesses

Die ersten Anzeichen des einsetzenden Sterbeprozesses zeigen sich dadurch, dass die Waage zwischen Leben und Tod zu schwingen beginnt. Wenn die Bewegungsfreiheit eines Menschen durch eine schwere Krankheit so eingeschränkt wird, dass er mehr liegt als er sitzt oder steht, lässt die Erdung nach. Die Traumwelt wird angeregt und auch am Tag werden längere Alphazustände erlebt. Eine erste sanfte Lockerung zwischen dem Körper und dem Ätherleib stellt sich ein.

Jeder von uns, der schon einmal sehr krank gewesen ist, kennt diesen Zustand: ein seltsamer, aber durchaus angenehmer Schwebezustand zwischen Schlaf, Traum und Wachzustand. Man fühlt sich leichter als sonst, und das Bewusstsein pendelt zwischen den Möglichkeiten von Leben oder Sterben hin und her. Ungewohnte psychische oder gedankliche Zustände können dabei durchaus zu Verwirrungen führen.

Da unser Sterben mit dem Loslassenkönnen direkt zusammenhängt, geht es nun darum, wie ein Mensch auf die Zeichen reagiert, die aus seinem Inneren aufsteigen: ob mit Angst und Festhalten am Leben oder mit Gelassenheit und Sich-fallen-lassen-Wollen. Hier zeigen sich bereits die Unterschiede im Umgang mit dem Sterben, da jeder Einzelne für sich anders auf die sich ihm bietenden Möglichkeiten reagiert. Schon in diesem

Stadium ist es für Begleitende wichtig zu erkennen, dass sich eine veränderte Wahrnehmung beim Sterbenden einstellt. Leider werden diese Anzeichen des sich nahenden Todes allzu häufig als geistige Verwirrung abgetan. Der Kranke hat die Wahl und kann durchaus noch ins Leben zurückkehren.

Wenn wir als Begleiter die Mitteilungen des Sterbenden respektieren, öffnet sich für ihn und für uns der Vorhang zu anderen Dimensionen. Der Patient ist aufgefordert, seine Aufmerksamkeit nach innen zu verlegen, seiner inneren Stimme zu vertrauen, damit er sich für oder gegen das Sterben entscheiden kann. Leider befassen sich zahlreiche Menschen ihr Leben lang nicht mit der Tatsache ihres Todes. Daher tauchen nun typische Äußerungen auf, wie »Warum ich?«, »Warum muss ich sterben?« oder »Ich will nicht sterben.« Die Lebensenergie gerät durch die Lockerung vom Körper in Bewegung. Die ungewohnten Bewusstseinszustände können Angst auslösen, was zu einer Abwehrhaltung gegen den bevorstehenden Tod führt.

Die zweite Phase

Wie bei der Geburt treten nun häufigere Wehen auf, da sich der Sterbende näher auf seinen Tod hin bewegt. Emotionen und Erinnerungen aus der eigenen Innenwelt steigen an die Oberfläche des Bewusstseins. Der Sterbende möchte mit sich ins Reine kommen, wobei eine Rückkehr ins Leben weiterhin möglich ist. Der Patient versucht, seinen inneren Frieden zu finden und Unerledigtes zu klären. Er sehnt sich nach Erleichterung und Ruhe.

Wenn sich in der ersten Phase des Sterbeprozesses der so genannte Ätherleib lockert, der ein Abbild unserer physischen Erscheinung ist, löst sich nun der Emotionalkörper. In diesem sind all unsere Gefühle und Gedanken gespeichert. Die verschiedenen Energiekörper des Menschen sind elektromagnetische Bewusstseinsfelder. Deshalb nimmt der Sterbende durch deren Lockerung akustische Phänomene wahr: Er hört laute, knallende Geräusche, Glockenschläge, Rauschen oder himmlische Musik. Wichtig ist für die Begleitung, dass wir alles ernst nehmen, was der Sterbende uns mitteilt. Fühlt er sich von seiner Umgebung verstanden und angenommen, kann das sogar zur Erleichterung seiner Schmerzen führen.

Aus den Nahtoderfahrungen kennen wir die Lebensrückschau, in der alle Ereignisse unseres Lebens mit ihren Auswirkungen auf andere wahrgenommen werden. Ähnliches erlebt ein Sterbender in dieser zweiten Wandlungsphase. Wenn sich der Emotionalkörper aus der festen Form des materiellen Körpers herauszulösen beginnt, sind wir mit den Bildern unseres Lebens konfrontiert, denen wir uns nun nicht mehr entziehen können. Vor allem die unbewältigten Dinge unseres Lebens kommen an die Oberfläche des Bewusstseins. Im Außen drückt sich dieses durch die in Erscheinung tretenden negativen Gefühle aus, weil der sich nahende Tod nicht länger verdrängt werden kann. Deshalb ist dies die schwierigste Phase im Sterbeprozess. Viele Patienten werden aggressiv, nörgeln oder kritisieren. Wenn die verdrängten Gefühle eines Lebens bewusst werden, ist das auch mit der Angst verbunden, nicht mehr genügend Zeit zu haben, seine persönlichen Angelegenheiten zu regeln. Gerade dann braucht ein Sterbender Annahme und Zuwendung. Im Krankenhausalltag wird ein solcher Patient aber häufig gemieden, da er als zu schwierig gilt.

Der Sterbende nimmt in dieser Phase Kontakt mit der anderen Welt auf. Es kommt zu hellsichtigen und hellfühlenden Phänomenen. Wie in den Nahtoderfahrungen begegnet der Sterbende verstorbenen Verwandten oder Lichtgestalten, die nun den Raum bevölkern. Es kann nicht oft genug darauf hingewiesen werden, dass die Mitteilungen eines Dahinscheidenden über die Anwesenheit der geistigen Welt ernst genommen werden sollten. Diese Wahrnehmungen sind ein integraler Bestandteil des Geschehens auf dem Sterbebett. Leider werden diese Phänomene in unseren Krankenhäusern und Pflegeheimen allzu leichtfertig als geistige Verwirrung abgetan. Aus diesen Äußerungen sterbender Menschen erhalten wir wichtige Hinweise auf die eigentliche Dynamik des Sterbeprozesses.

Am deutlichsten ist die zweite Phase der Wandlung daran zu erkennen, wenn von dem Gefühl zu schweben berichtet wird. Dahinter verbirgt sich nichts anderes, als die beginnende Loslösung vom Körper. In den Nahtoderlebnissen sind dies die außerkörperlichen Erfahrungen, die uns aufzeigen, dass Bewusstsein unabhängig vom Körper existiert. Je mehr sich ein Sterbender von seinem Körper löst, umso intensiver geht sein Bewusstsein auf Reisen und teilt sich anderen mit. Das gilt ebenso für den Komazustand. Manche versuchen telepathisch bestimmte Personen zu erreichen, die dann tatsächlich den Sterbenden aufgrund einer inneren Ahnung besuchen.

Die sich einstellende Hellhörigkeit und Hellsichtigkeit verändert in der Wahrnehmung des Sterbenden seine Raum-und-Zeit-Dimension. Er erlebt Dinge gleichzeitig: Auf der einen Seite spricht er mit den real anwesenden Personen, andererseits bezieht er sich auf nur für ihn sichtbare Verstorbene. Sterbebegleiter berichten immer wieder davon, Zeugen solcher Dialoge gewesen zu sein. Diese Ansprachen des Sterbenden sind für ihn von großer emotionaler Bedeutung. Die Folge ist eine sichtbare Entspannung des Patienten.

Eins der eindrucksvollsten Erlebnisse für einen Dahinscheidenden ist die Erfahrung, dass ihm helfende Hände entgegengestreckt werden. Das ist für uns im Außen dadurch sichtbar, dass er mit den Händen ständig auf ein imaginäres Ziel hin in die Luft greift. Andere starren mit erstaunten und glänzenden Augen auf eine weiße Wand.

Manche sind auch verwirrt über diese ungewohnten Bewusstseinserweiterungen. Dennoch spürt der Betroffene, dass seine Zeit noch nicht gekommen ist. Er hat noch die Wahl zwischen Leben oder Tod.

Auf dieser Ebene des Bewusstseins spielen sich auch die Nahtoderfahrungen ab. Im Zustand des klinischen Todes besteht immer noch die Möglichkeit, ins Leben zurückzukehren. Wie wir wissen, oft gegen den Willen der Betroffenen.

Rosina Sonnenschmidt schreibt zu dieser Sterbephase: »Der Sterbende braucht die Versicherung, dass wir ihn verstehen. Deshalb sollten wir ihn sanft mit seinem Namen ansprechen und ihm versichern, dass wir ihn verstehen. Gemäß dem Bardo Thödol spricht man ins linke Ohr: ›Ich bin bei dir und begleite dich. Geh nur auf das helle Licht zu, das du siehst.‹

Bisweilen ist man verunsichert, wenn der Sterbende zu jammern oder zu stöhnen beginnt. Das ist ein gutes Zeichen, denn es lindert die Schmerzen und erleichtert die Ablösung des elektromagnetischen Feldes vom Körper. Es gibt keinen Grund in Panik und Hysterie zu verfallen, wie das allenthalben geschieht.«[7]

Die dritte Phase

Nun erlebt der Sterbende das letzte Aufgebot seiner physischen Reserven. Der Mensch steht nun direkt an der Wegscheide zwischen Leben und Tod. Zu diesem Zeitpunkt setzt auch das letzte Aufblühen ein. Diese Sterbephase wird am meisten missverstanden, da die plötzlich auftretende Bewusstseinsklarheit für eine Verbesserung der Gesundheit gehalten wird.

Mitunter kann es sein, dass ein Mensch, der dem Tod schon sehr nahe war, wieder aufsteht und noch Monate oder Jahre fortlebt. In der Fachliteratur wird dies als »Lazarusphänomen« bezeichnet. Die Lebenskraft des Menschen besteht aus ungeheuren Energiemengen und diese lassen bis zum letzten Augenblick die Wahl zur Heilung offen. Das ist gleichfalls das Geheimnis der Spontanheilungen bei Schwerstkranken. Ein Sterbender kann jetzt durchaus noch Dinge erledigen und in Würde Abschied nehmen.

Ist der Sterbende bereits mit sich ins Reine gekommen und will nicht mehr in diese Welt zurückkehren, kommt es zum endgültigen Abstreifen seines Körpers. Im Außen teilt sich dies durch heftiges Aufbäumen oder Schreien mit. Bei anderen verläuft diese Phase sanft. Der Dahinscheidende schlägt noch einmal die Augen auf und lächelt beseligt, da er seinen inneren Frieden gefunden hat.

Wenn der Sterbende schreit, stöhnt und sich aufbäumt, denken die Umstehenden, dass er sehr stark leidet. In unseren Krankenhäusern und Pflegeheimen wird das durch Angst oder Ignoranz verdrängt. Wir sollten aber gerade dann, wenn ein Mensch an der Schwelle steht, für ihn da sein. Er braucht nun in besonderem Maße die Gewissheit unserer Zuwendung. Wir sollten ihm sagen, dass alles in Ordnung ist. Durch die Dynamik des Sterbens werden riesige Energiewellen freigesetzt. Da dies nicht verstanden wird, interpretieren die Umstehenden diese Vorgänge als einen Kampf gegen den Tod. Das letzte Auflodern der Körperfunktionen führt dabei kurz zu einer Zunahme der Schmerzempfindlichkeit.

Von den Außenstehenden wird dieser Vorgang als schrecklich und angstbesetzt gedeutet. Wir klammern uns zu sehr an die vorherrschenden Angstbilder vom Sterben und sehen nur Leid und Schmerz. Damit verdrängen wir das eigentliche Geschehen auf dem Sterbebett und ersetzen dies durch lebenserhaltende Maßnahmen. So greifen wir in die Ablösungsbemühungen des Bewusstseins vom Körper ein und verhindern den vorgesehenen Lauf der Natur. Durch derartige Eingriffe entsteht ein energetisches Chaos zum Leidwesen des Sterbenden.

Der Leib wird feiner und leichter und die Natur braucht die letzten Reserven auf. Der Sterbende nimmt normalerweise zu diesem Zeitpunkt keine feste Nahrung mehr zu sich. Wenn nun künstlich in den Sterbeprozess eingegriffen wird, indem der Patient auf einer Intensivstation eine Magensonde erhält, weil er die Nahrung verweigert, kann das zu Lasten des Patienten das Sterben unsäglich verlängern.

Die visionären Phänomene in dieser Phase sind Hellsichtigkeit, wodurch der Sterbende einen Einblick in die jenseitige Realität erhält. Die Bewusstseinserweiterung ist durch eine stärkere Lockerung vom Körper vorangeschritten, so dass nun Dinge der geistigen Welt geschaut werden. Es kann wie in einer Nahtoderfahrung zu einer Verschmelzung mit dem Licht kommen, was dann höchste Seligkeit auslöst. Im Außen erkennen wir das daran, dass die Augen des Betroffenen einen veränderten Ausdruck aufweisen. Sie sind groß und glänzend, wie von einem inneren Licht erhellt. Die Tore zum Jenseits sind nun geöffnet, und es liegt am jeweiligen Menschen zu entscheiden, wann er gehen will. Der eigentliche Tod kann sich aber durchaus noch hinzögern. Letztlich sind die Sterbephasen fließend.

Manche fühlen sich auch bedrängt und empfinden das Gewahrwerden der geistigen Welt als angstauslösend und bedrohlich. Andere glauben gar, wahnsinnig geworden zu sein. Um so wichtiger ist die frühzeitige Information über den inneren Wandlungsprozess im Sterben. Dann können wir als Angehörige den Sterbenden laut ansprechen, dass er ins Licht gehen soll. Die gängige Praxis ist genau umgekehrt: Viel zu viele Angehörige versuchen bis zuletzt, den Dahinscheidenden nicht loszulassen. Sie wollen und können den Tod nicht akzeptieren. Nach dem letzten Aufbäumen tritt Ruhe ein.

Die vierte Phase

Nun kommen alle Körperfunktionen zur Ruhe und das Ende des Sterbeprozesses durch den letzten Herzschlag und den letzten hörbaren Atem setzt ein. Es gibt keine verbalen Äußerungen des Sterbenden mehr. Er zieht seine Aufmerksamkeit endgültig aus dem Außen zurück und richtet sie nun vollständig auf die andere Realität des Seins. Das ist der eigentliche Moment des Todes. Das Sterben ist vollbracht. Der Verstorbene ist nun von Frieden und Lichteindrücken erfüllt. Er sieht und hört alles, was an seinem Sterbebett geschieht.

Im Raum ist häufig eine erhöhte Energie spürbar. Diese kann bei Begleitenden bewirken, dass sie den Übergang des Verstorbenen gleichzeitig miterleben. Die Erfahrung des *Mitsterbens* deckt sich mit dem Kode der Nahtoderfahrung.

Die Betroffenen verlassen den Körper und sehen sich von oben. Sie beobachten den Verstorbenen bei der Durchquerung des Tunnels und sehen auch das Licht. Das Phänomen des Mitsterbens tritt in den letzten Jahren gehäuft auf. Im Gegensatz zur Nahtoderfahrung kann das Mitsterben verwirrend sein, da es auch weit entfernt vom Totenbett stattfinden kann. Betroffene brauchen dann eine gewisse Zeit der Verarbeitung.

Das Bewusstsein des Sterbenden hat sich nun endgültig von seinem Körper gelöst. Die Seele des Verstorbenen ist frei und kann sich in Gedankenschnelle überall hinbewegen. Viele

Nachtodphänomene ereignen sich genau zu diesem Zeitpunkt. Darüber können Sie genaueres in meinem Buch »Die Brücke zum Licht« nachlesen.

Wer den Vorgang der Wandlung eines Menschen jemals bewusst miterlebt hat, erkennt die Erhabenheit des Sterbeprozesses. Wenn wir den Augenblick des Todes erleben, spüren wir die Energie im Raum und die sich ausdehnenden Kräfte, die am Werk sind. Wichtig zu wissen ist es, dass sie nicht kontinuierlich, sondern momenthaft auftreten.

»Der Ablösungsprozess hat seine eigene Zeit und ist noch längst nicht abgeschlossen, wenn Herz-, Atem- und Gehirnwellenstillstand eingetreten sind. Im Bardo Thödol wird Wert auf das Verebben des inneren Atems gelegt ... Man kann sich das so vorstellen, dass im Organismus die Hauptlichter ausgegangen sind und nun überall in den feinsten Bereichen noch kleine Lämpchen ausgeschaltet werden.«[8]

Aus diesem Grund sollte dafür gesorgt werden, dass der soeben Verstorbene nicht sofort ins Kühlhaus gebracht wird. Ein bis zwei Stunden können bewirken, dass die letzten Schritte der Ablösung in Ruhe geschehen, und die Angehörigen können Abschied nehmen.

Die fünfte Phase

Die vierte und fünfte Phase gehen nahtlos ineinander über. Es gibt nun keine äußerlich sichtbaren Lebenszeichen mehr. Die materielle Existenz eines Menschen ist endgültig beendet.

Das feinstoffliche Band der Silberschnur, die Körper und Geist zusammenhält, wird nun endgültig zerrissen. Wenn das geschehen ist, kann eine Seele nicht mehr in ihren materiellen Körper zurückkehren. Häufig entsteht dabei der Eindruck, im Körper sei noch ein Fünkchen Leben. Das hängt damit zusammen, dass sich die kleinen Fädchen nur langsam lösen. Deswegen befindet sich die Seele noch in der Nähe des Körpers.

Die letzte Phase ist dann abgeschlossen, wenn der Restkontakt zum Körper gelöst ist. Dann stellt sich der Eindruck ein, dass wir nur noch eine leere Hülle vor uns haben.

Der Verstorbene ist nun körperlos. Es existiert keine Raum- und Zeitbegrenzung mehr für ihn. Er fühlt sich nun ganz und heil, auch wenn er durch eine Krankheit stark verunstaltet war. Diese Aussagen wurden durch die Nahtoderfahrungen Schwerkranker oder Behinderter immer wieder bestätigt.

Die Seele erlebt dann eine Ruhepause, um sich an die Gegebenheiten der geistigen Welt anzupassen und zu gewöhnen. In dieser Orientierungsphase erkundet sie ihre neue Umgebung und wird von vorangegangenen Verstorbenen in Empfang genommen. Sie versucht nach Möglichkeit, den Hinterbliebenen Trost zu spenden. Dann erst setzt die Arbeit an der Seelenqualität ein.

All diese beschriebenen Vorgänge beim Sterben zeigen uns, dass Leben ein kontinuierlicher Prozess ist und die Natur weise und zu unserem Vorteil arbeitet.

Die Grunderfahrung von Geburt und Tod

Die Vorgänge des Sterbens, wie sie soeben beschrieben wurden, weisen erhebliche Ähnlichkeiten mit dem Geburtsvorgang auf.

Die Geburt in unsere Dimension ist ebenso unterschiedlich, wie der Sterbeprozess bei jedem Menschen auf seine Weise verläuft und den spezifischen Bedürfnissen der jeweiligen Person entspricht.

Manche Neugeborenen quälen sich durch den dunklen und

engen Geburtstunnel oder kommen durch einen Kaiserschnitt zur Welt. Andere werden auf angenehme Weise ins Wasser geboren. Es gibt leichte und traumatische Geburten. Wenn das Kind den Mutterleib verlassen hat, ist es noch durch die Nabelschnur mit der Mutter verbunden. Erst wenn diese durchtrennt ist, wird der Neugeborene zur eigenständigen Wesenheit.

Im Sterbeprozess lässt sich von einer Rückgängigmachung der Geburt sprechen. Die Trennung der Seele vom Körper ist erst dann vollzogen, wenn sich die feinstoffliche Energieschnur endgültig gelöst hat. Wie wir wissen, kann das Sterben leicht und bewusst, aber auch sehr schwierig sein.

Durch die Geburt wird ein Neugeborener mit einem extremen psychischen Stress konfrontiert, der sich manchmal ein Leben lang auswirkt. Das bestätigt die heutige psychotherapeutische Forschung.

So ist es durch Rückführungen in frühkindliche Erinnerungen heute möglich, sich bis in die Zeit vor der Geburt zurückversetzen zu lassen. In den Publikationen der Pionierin der Regressionstherapie, Helen Wambach, wurden zahlreiche Geburtserfahrungen dokumentiert. Die meisten ihrer Patienten empfanden ein Unbehagen und bedauerten das Eingeschlossensein in einen Körper. Die Seele befindet sich vor ihrer Geburt noch in einer harmonischen und friedlichen Umgebung und ist mit der geistigen Welt verbunden. Durch die Geburt fühlt sich das neugeborene Kind abgeschnitten, verkleinert und allein gelassen.

»Die Erfahrung des Geburtskanals war für mich ein harter Kampf, und mein erstes Erlebnis außerhalb des Geburtskanals war ein knallhartes Licht, das mich krank machte ... ich war wütend, als ich geboren war, und ich fühlte Abneigung gegenüber den Leuten im Entbindungsraum, aber nicht gegenüber meiner

Mutter.«[9] – »Ich kam in meinen Körper, als ich aus meiner Mutter herauskam. Ich empfand blendendes Licht und fühlte mich hilflos. Ich wurde von Riesen herumgereicht. Mir war sehr kalt. Die Menschen im Zimmer schienen überhastet und nachlässig.«[10] Eine Seminarteilnehmerin berichtete mir von einer solchen Erfahrung innerhalb einer Psychotherapie: »Ich fühlte mich aus einem unbeschreiblichen Gefühl der Geborgenheit, der Verbundenheit, der Wärme ausgestoßen in einen engen Tunnel. Alles in mir sträubte sich dagegen. Am Ende des Kanals erlebte ich ein grelles Licht, alles Vertraute, das mich bisher umgab, war verschwunden. Ich empfand Kälte und Dumpfheit.« All diese Berichte zeigen, wie ungern sich eine Seele in den Körper zwängt.

Ein Gynäkologe wird kaum nachvollziehen können, dass ein Kind seine eigene Geburt als traumatische Erfahrung erlebt. Die Mehrheit der Menschen akzeptiert selbstverständlich nicht, dass die eigene Geburt überhaupt bewusst wahrgenommen werden kann. Es gibt aber heute zahlreiche psychologische Forschungsberichte, die eindeutig das traumatische Erlebnis der Geburt belegen. Die Ausstoßung aus dem Mutterleib ist mit Stress verbunden. Schon deshalb, weil der Neugeborene nun einer fremden Umwelt ausgesetzt ist und nicht mehr die Geborgenheit im Mutterleib erfährt. Er wird gewaschen, abgeklopft und gepikst. Fälschlicherweise glauben viele Psychologen, dass das Trauma durch die Trennung von der Mutter begründet ist. In Wirklichkeit aber ist es die Trennung von unserem eigentlichen Ursprung, der als traumatisch erlebt wird. Das zeigt sich allzu deutlich in den Erfahrungen, die oben zitiert wurden.

Die Sterbeerfahrung

Beim Sterben verläuft der Prozess umgekehrt: Es ist die Rückkehr in die geistige Heimat und eine Rückgängigmachung der Geburt. In der Wahrnehmung eines Sterbenden führt der Weg zurück ebenfalls durch einen Tunnel. An dessen Ende werden wir dann von einem Licht empfangen. *Dieses* Licht wird aber nicht wie bei den Geburtserfahrungen als kalt, grell und unangenehm empfunden, sondern als äußerst angenehm beschrieben. Menschen mit Nahtoderfahrung sprechen häufig von einem Nachhausekommen. Offensichtlich sind wir nun mit jenen Gefühlen wieder verbunden, die uns durch die Geburt verloren gegangen sind. Wir erleben wieder den Zugang zum unbegrenzten Sein. Der physische Körper wird während einer NTE als beengend und begrenzend erkannt – wie im Geburtskanal vor dem Zur-Welt-Kommen. Der Mensch begegnet seinem wahren Selbst, seinem geistigen Kern und verliert für immer die Angst vor dem Tod.

Johann erlebte diesen Prozess während einer Nahtoderfahrung wie folgt: »… mit einem Schlag erkannte ich mich selbst. Ich verstand. Es gab keinen Grund, mich zu fürchten und ich wusste, dass es tatsächlich nie einen gegeben hatte. Es ist schwer in Worte zu fassen, was ich empfand. Von einem Augenblick zum anderen war ich ein ganz anderer geworden und trotzdem auch noch der gleiche geblieben. Als hätte ich Anschluss an etwas Göttliches in mir selbst gefunden, weitete sich mein Bewusstsein über die gewohnten Grenzen hinaus. Mit neuen Sinnen erschlossen sich mir Bedeutungen und Zusammenhänge, die ich nie vermutet hätte … es war wie ein Wiedererkennen … ich sah den ganzen Plan … ein neues, grenzenloses Bewusstsein … ich war zu Hause.«[11]

Tatsache bleibt, dass das Verlassen des Mutterleibes, wie auch später das Verlassen unseres physischen Körpers, widerstrebend wahrgenommen wird, da diese Vorgänge an die subjektive Empfindung des Betroffenen gekoppelt sind. Der neugeborene Mensch ist noch mit anderen jenseitigen Realitäten verbunden: Das umfasst in etwa die Zeit, welche der Säugling im Schlafzustand zubringt. Dessen Wahrnehmung richtet sich dann zunehmend auf die irdische Wirklichkeit, und die Wachphasen werden länger. Auch das Stören der Nachtruhe hat weniger mit Hunger zu tun als mit der schmerzlichen Erfahrung des Kindes, sich mit der ungewohnten Beschränktheit seiner körperlichen Hülle abfinden zu müssen.

Auffallend ist die Tatsache, dass zahlreiche Sterbende kurz vor ihrem Tod in eine Regression fallen. Sie werden wieder zum Baby: annehmend, hilfesuchend und lebenssatt. Bei Begleitern und Angehörigen stellt sich ein ähnlich intensives Gefühl wie bei einer Geburt ein. Der leidende, erschöpfte, gequälte Gesichtsausdruck weicht einem friedlichen, entspannten. Die meisten Verstorbenen zeigen nach ihrem Tod ein entspanntes, verklärtes Lächeln.[12]

Tod durch langes Siechtum

Immer wieder wird mir die Frage von Angehörigen gestellt, warum manche Menschen einen langen, schweren Tod sterben müssen. Die Frage ist häufig verbunden mit der Vorstellung von Gerechtigkeit, vor allem bei Menschen, die als herzensgut galten.

Brigitte berichtet vom langsamen Tod ihrer Mutter: »Vor ein paar Wochen starb meine Mutter mit 81 Jahren. Bis zu ihrem 76. Geburtstag war sie noch sehr tatkräftig und erledigte selbst ihren Haushalt – bis sie eines Tages stürzte und sich einen

Oberschenkelhalsbruch zuzog. Der Bruch wollte nicht verheilen und obwohl sie danach noch kurz wieder nach Hause kam, mussten wir sie in ein Pflegeheim überweisen lassen. Es traten Komplikationen an den inneren Organen auf. Da sie nicht mehr laufen konnte, verbrachte sie dann über vier Jahre im Bett. Es war eine sehr schwere Zeit für mich, und ich musste mit ansehen, wie sie immer weniger wurde. Schließlich war sie auch noch wundgelegen, aber meine Mutter konnte nicht sterben. So oft ich dachte, dass es bald vorbei ist und sich auch die Zeichen einstellten, meine Mutter starb nicht. Sie war ein guter Mensch gewesen und immer für uns da, wenn wir sie brauchten. Ich kann mir bis heute nicht vorstellen, warum ein solch guter Mensch so sehr leiden muss.«

Gerade tatkräftige Menschen haben ein ausgeprägtes Bewusstsein, noch gebraucht zu werden. Brigittes Mutter war sich einerseits sehr wohl bewusst, dass sie ihre irdische Aufgabe erfüllt hatte, andererseits konnte sie noch keinen Sinn darin erblicken, sich in den Tod fallen zu lassen. Sie wollte – trotz ihres Leidens – immer noch Einsatz und Arbeit für ihre Angehörigen bringen, um weiter für sie da zu sein. Insofern blieb ihre Wahrnehmung auf die materielle Welt gerichtet, in deren Mittelpunkt das Elend stand. Es war die einzige Realität, die sie akzeptieren konnte.

Es gibt viele Menschen, die mit aller Kraft gegen das Ende ihrer körperlichen Existenz ankämpfen. Sie haben ihr Selbstbildnis so sehr an den Körper gebunden, dass sie sich eine Weiterexistenz außerhalb dessen nicht vorstellen können. Daher ist es außerordentlich wichtig, dass wir Sterbenden mit Worten oder Gedanken klar machen, dass sie ihre Aufgabe erfüllt haben und sich nun den eigenen Bedürfnissen ergeben dürfen. Hier sind die anwesenden Angehörigen besonders gefordert.

Allem Leben und Sterben eines Menschen unterliegt die Gesetzmäßigkeit von Bewegung und Veränderung. Je mehr wir an Gewohntem, Bekanntem, Liebgewonnenem oder Aufgaben festhalten wollen, desto größer wird das Leid. Wenn wir uns gegen Veränderungen im Leben wehren, treffen wir selbst die Wahl zum Leid. Nur wenn wir uns vom Gestern lösen können, sind wir imstande, im Heute zu leben. Wenn dann der Zeitpunkt gekommen ist, sich auch vom Heute zu lösen, werden wir uns für die Erfahrung des Morgen öffnen können. Dieser Prozess verläuft fortlaufend während unseres ganzen Lebens und auch im Sterben.

Die Begleitumstände des Sterbens

Die Begleitumstände eines Sterbeprozesses – und mögen sie uns von außen als noch so schrecklich erscheinen – sind immer den individuellen Bedürfnissen angepasst. Einer Wertung von gut, schlecht oder gerecht sollte man sich dabei enthalten. Für die Mutter Brigittes bedeutet dies, dass sie ihr Sterben selbst als nicht so schrecklich erfahren hat, weil es ihren eigenen Bedürfnissen entsprach. In der Begleitung von schwer krebskranken Menschen finden sich dafür zahlreiche Beispiele. Wenn dann ein Sterbeprozess vollendet ist, zeigt sich dieses den Anwesenden in aller Deutlichkeit:

»Eines Tages rief mich ihre Betreuerin an, es würde nun zu Ende gehen. In den letzten Tagen hatte sie sich sehr gequält. Nun lag sie im Koma. Zu viert hörten wir das *Ave Maria* von Bach/Gounod ... letztlich war das Zimmer wie verwandelt. Die Betreuerin und ich spürten eine Gegenwart, die man nicht mit Worten beschreiben kann ... Wir nahmen Abschied. Obwohl sie im Koma lag, muss sie meine Abschiedsworte gehört haben. Als ich ihr Zimmer verließ, hörte ich, wie die rasselnden Atemgeräusche immer leiser wurden. Zurückblickend sah ich, wie sie mit weit geöffneten, wunderbar klaren, fast durchsichtigen Kinderaugen nach oben schaute. Was sie sah, konnte ich nicht sehen. Auf ihrem Gesicht spiegelte sich etwas, was nicht mehr von dieser Welt war. Mit *dem* Blick starb sie.«[13]

Wir sind hier, um unsere eigene Lebensaufgabe zu erfüllen. Das bedeutet, dass unser Todeszeitpunkt nicht feststeht, sondern lediglich die spezifische Aufgabe, die wir uns gestellt haben. Durch unseren freien Willen können wir die besonderen Umstände unseres Lebens wählen – die oft über Umwege oder Sackgassen führen –, um unser Lebensziel zu erreichen. Die Zeit spielt für die Erledigung dieser *geistigen Aufgabe* keine Rolle, da sie in der geistigen Welt bedeutungslos ist. Insofern ist es unbedeutend, ob ein Leben drei Tage oder 100 Jahre dauert. Wir müssen verstehen, dass wir alle Teil eines Universalbewusstseins sind. Deswegen ist jeder mit allem anderen Sein verbunden. Als geistige Wesen sind wir schon jetzt Teil der ewigen Existenz. Das bezieht sich aber nicht nur auf unseren Körper. Insofern hat jedes Lebewesen seinen Anteil an der Gesamtheit. Somit hat alles, was geschieht, auch wenn es uns noch so absurd und nicht nachvollziehbar erscheint, seinen Sinn.

Der akute Pflegenotstand in Deutschland

Sterben in Deutschland ist lang und schäbig geworden. Hunderttausende von alten Menschen dämmern in deutschen Heimen und Krankenhäusern ihrem Ende entgegen. Sie werden verwaltet und aufbewahrt, aber seelisch vernachlässigt.

Alten- und Pflegeheime sind längst zu Orten des Sterbens geworden. Je älter man wird, umso größer ist die Wahrscheinlichkeit, in einem Heim zu sterben. Das Ende nähert sich schleichend über viele Monate, wenn nicht gar Jahre. Allerdings wird im reichen Deutschland am Lebensende gespart: Seit Einführung der Pflegeversicherung wird scharf zwischen Therapie und Pflege getrennt. Deshalb entlassen Krankenhäuser Pflegefälle rigoros, oft in einem erbärmlichen Zustand.

Es gibt zu wenige Palliativstationen, wo Sterbende schmerzlindernd betreut werden. Ohne wirksame Schmerzmedizin sind Amateurpfleger schnell überfordert. Waren früher die Bewohner eines Altenheimes durchschnittlich 70 Jahre alt, so sind sie heute 86 und sterben in den ersten Monaten. Jeder zweite von rund 2 Millionen pflegebedürftigen Menschen ist von Demenz betroffen. Nur der Personalschlüssel ist gleich geblieben, zu wenige Pflegekräfte für zu viele Bedürftige.

Der Personalmangel führt zu menschenunwürdigen Zuständen. Die Folgen sind Unterernährung, Austrocknung, Gesundheitsschädigung durch Beruhigungsmittel. Nicht selten werden Windeln in Heimen angelegt, da die Patienten mangels Personal nicht mehr zur Toilette geführt werden können. In vielen Heimen werden die Alten nur unzureichend gewaschen. Das alles führt häufig zum Wundliegen. Über Sonden, die über die Bauchdecke in den Magen führen, werden Patienten auch gegen ihren Willen ernährt. Diese so genannte PEG-Sonde verhindert das synchrone Verlöschen von Körper, Geist und Seele. Dagegen beginnt ein »ewiges« Leben mit Astronautenkost.

Selbst im Sterben schauen Pfleger nur hin und wieder rein. Die Wünsche der Menschen werden ignoriert und für eine würdevolle Sterbebegleitung fehlt das Geld. Es erstaunt wenig, wenn angesichts dieser verantwortungslosen und unmenschlichen Strukturen laut über aktive Sterbehilfe nachgedacht wird. In unserem Wohlstandsland dreht sich alles nur ums Geld, also um das Kosten-Nutzen-Prinzip. Der letzte Rest von Menschlichkeit kommt durch den sich steigernden Personalmangel abhanden.

Angesichts der ansteigenden Überalterung unserer Gesellschaft werden wir mit gewaltigen Problemen konfrontiert werden, die uns alle betreffen. Vielleicht wird dann auch ein Verfallsdatum eingeführt, weil die Kosten zu hoch sind. Bedenken Sie bitte, dass solche Regelungen auch Sie selbst betreffen werden, ob Sie wollen oder nicht.

Neue Regelungen der Patientenverfügung

Die Grenzfragen des Lebens betreffen jeden Einzelnen von uns in existentieller Weise, insbesondere die Frage, inwieweit der Mensch über sein Lebensende selbst bestimmen kann. Eine Möglichkeit der Regelung dieser letzten Fragen sind die Patientenverfügungen: Immer mehr Menschen wollen schriftlich sicherstellen, dass sie am Ende ihres Lebens nicht unnötig leiden müssen. War bislang ein Sterben in Würde Verhandlungssache zwischen Ärzten und Angehörigen, so sollen künftig verstärkt die Gerichte entscheiden. Nach einem Grundsatzurteil des Bundesgerichtshofes vom 7. März 2003 soll, wenn sich Ärzte und Angehörige über die Rechtmäßigkeit einer Verfügung nicht einig sind, das Vormundschaftsgericht entscheiden. Nach höchstrichterlicher Rechtsprechung setzt eine zulässige Sterbehilfe in Deutschland voraus, dass das Leiden eines Kranken nach ärztlicher Überzeugung unumkehrbar und keine Besserung zu erwarten ist. Außerdem muss das Leiden bereits einen tödlichen Verlauf angenommen haben und der Tod in Kürze zu erwarten sein. Nur dann ist es dem Arzt erlaubt, auf lebensverlängernde Maßnahmen wie beispielsweise künstliche Beatmung oder künstliche Ernährung zu verzichten. Dabei ist eine Patientenverfügung eine wichtige Entscheidungshilfe. Ausgangspunkt für die neue Entscheidung des BGH war der Fall eines 70-jährigen Mannes. Er war im November 2000 durch einen Herzinfarkt ins Koma gefallen und ist seitdem nicht mehr ansprechbar. Er wird künstlich durch eine Magensonde ernährt. Der Sohn des Mannes stellte im April 2001 im Einvernehmen mit der Ehefrau und seiner Schwester den gerichtlichen Antrag, die künstliche Ernährung einzustellen. Der Betroffene selbst hatte bereits 1998 eine Patientenverfügung hinterlegt, wonach er keinerlei Intensivbehandlung wünschte und lediglich Medikamente gegen die Angst und die Schmerzen forderte.

Der Fall wanderte vom Vormundschaftsgericht zum Landgericht und dann zum Oberlandesgericht. Alle Institutionen lehnten den Abbruch der lebenserhaltenden Maßnahme, die künstliche Ernährung, ab, da es sich hierbei um keinen Heileingriff handele. So musste der Bundesgerichtshof über den Fall entscheiden.

Das Schicksal des Betroffenen fällt in eine Grauzone. Es gab bisher keine Klarheit und Rechtssicherheit, weder für die Ärzte und das Pflegepersonal noch für den Betreuer, der den Willen des einwilligungsunfähigen Patienten wahren soll.

Grundsätzlich gilt, dass jeder ärztliche Eingriff abhängig ist von der Einwilligung des Patienten. Ohne wirksame Einwilligung handelt es sich bei einem Eingriff um Körperverletzung. Somit geht es um die persönliche Entscheidungsfreiheit des Patienten. Diese gilt auch am Lebensende, da die Würde des Menschen, die im Artikel 1 des Grundgesetzes verankert ist, auch das Recht auf einen würdigen Tod beinhaltet. Ein Mensch hat niemals eine Lebenspflicht! Das überschneidet sich im Falle des Lebensendes nicht mit dem grundsätzlichen Recht auf Leben. Im Mittelpunkt der Entscheidung des BGH steht also die Selbstbestimmung des Menschen.

Das Gericht entschied, dass der Wille eines Menschen über sein Lebensende, wenn er es in einer Patientenverfügung bestimmt hat, grundsätzlich respektiert werden soll. Wenn also eine Verfügung schriftlich niedergelegt wurde, muss der früher erklärte Wille als Rechtsbefehl angesehen werden. Insofern ist, auch wenn das Patiententestament schon vor Jahren geschrieben wurde, der Wille des Betroffenen ausschlaggebend. Dabei bleibt der Arzt natürlich der Entscheidungsträger.

Um Unsicherheiten zu vermeiden, und vor allem in Konfliktfällen zwischen Angehörigen und Ärzten, soll das Vormundschaftsgericht entscheiden. Damit erhält auch ein Betreuer Rechtssicherheit für seine Entscheidung über das Leben eines Menschen. Somit können Ärzte über den Tod eines Menschen bestimmen. Die Auseinandersetzung mit dem Willen eines Betroffenen bildet in Zukunft die Grundlage für eine würdige Begleitung eines Sterbenden.

Das wird dazu führen, dass sich Ärzte intensiver mit dem Sterbeprozess auseinander setzen müssen. Negativ gesehen könnte die Entscheidung den Druck auf Alte und Kranke verstärken, eine Patientenverfügung zu unterschreiben. Die Entscheidung des BGH ist unanhängig von der Diskussion über aktive Sterbehilfe, die uns noch in den kommenden Jahren sehr beschäftigen wird.

3. KAPITEL

Plötzliche Todesarten

In diesem Kapitel erfahren Sie

- dass kein Tod zufällig ist

- von den Hintergründen eines plötzlichen Todes

- von der Sterbeerfahrung bei Unfällen

- von der Reaktion der Hinterbliebenen und der Wichtigkeit des Abschiednehmens

Der plötzliche Tod

Die bisher beschriebenen geistigen Gesamtzusammenhänge mögen bei einem längeren Sterben noch nachvollziehbar sein. Bei einem plötzlichen Tod hingegen ist das dann für viele Menschen nicht mehr verständlich. Die Hintergründe beim plötzlichen Tod sollen nun genauer dargestellt werden.

Meldungen wie diese können wir täglich den Zeitungen entnehmen: »Der Familienvater Reinhold S. (36) war auf dem Weg zur Arbeit. Als er in einer unübersichtlichen Kurve überholen wollte, wurde er von einem entgegenkommenden Lastwagen erfasst. Er starb noch an der Unfallstelle.«

Hinter einer solchen Zeitungsmeldung stehen Tragödien. Ein Familienvater wurde plötzlich und unerwartet aus dem Leben gerissen. Für die Familie von Reinhold S. bricht buchstäblich von einem Augenblick zum anderen die Welt zusammen. Sein Tod wird als unfassbar verstanden und sofort stehen die Fragen: »Warum?« und »Warum lässt Gott das zu?« im Raum.

Jeder Tod wird von den Angehörigen bewertet. In ihren Augen ist kein Tod *normal*, der nicht irgendwie vorher absehbar war. Er wird als Zumutung, als persönlicher Angriff empfunden, weil die Gesellschaft den Tod tabuisiert. Insofern wird unter einem *normalen Tod* derjenige verstanden, wonach wir unser Leben gelebt haben, wenn wir alt und gebrechlich sind. Es wird verkannt, dass es für die Wechselfälle des Lebens keine Sicherheiten gibt.

Kein einziger Tod ereignet sich zufällig. Das Sterben des Menschen ist ein Vorgang, der auf innerem Wollen beruht. Fälschlicherweise wird von den meisten Menschen angenommen, dass wir sterben *müssen*.

Wenn sich jemand selbst das Leben nimmt, trifft er eine bewusste Entscheidung zu sterben und lässt seinen Körper zurück. Wenn jemand an einer Krankheit vor sich hinsiecht, so macht er im Grunde genommen dasselbe, nur eben nicht bewusst. Das gilt in gleichem Maße für die Opfer eines plötzlichen Unfalltodes. Gerade in Bezug auf plötzliche Todesfälle gibt es im Nachhinein viele Anzeichen, die erkennen lassen, dass jemand seinen bevorstehenden Tod unbewusst geahnt hat.

Susanne berichtete mir in einem Seminar vom plötzlichen Unfalltod ihres 17-jährigen Sohnes. Er war mit einem Freund unterwegs gewesen, der gerade seinen Führerschein gemacht hatte. An einer völlig übersichtlichen Kurve gerät der Wagen ins Schleudern und überschlägt sich mehrmals. Der Fahrer des Wagens überlebt den Unfall unverletzt, wohingegen ihr Sohn auf der Stelle tot war. Für die Eltern ist das bis heute unerklärlich und unfassbar.

Zunächst wurde vermutet, dass der Fahrer zu schnell gefahren sei, aber es stellte sich heraus, dass das nicht die Ursache des Unfalls war. Auf meine Frage, ob sie das Gefühl habe, dass ihr Sohn auf die eine oder andere Weise seinen Tod angekündigt oder geahnt habe, bricht die Mutter in Tränen aus: »Zwei Wochen vor dem Unfall spielte mein Sohn eine CD und hörte ein bestimmtes Lied immer wieder. Es war wahnsinnig laut und ich bat ihn, die Musik etwas leiser zu drehen. In diesem Moment schaute er mich mit seinen strahlenden Augen an und sagte: ›Dieses Lied soll auf meiner Beerdigung gespielt werden.‹ Ich dachte noch so bei mir, was das denn soll. Zwei Wochen später war er wirklich tot.«

Solche Vorankündigungen hinsichtlich eines bevorstehenden Todes wurden mir in den letzten Jahren immer wieder berichtet. Grundsätzlich ist zwischen der Erfahrung eines plötzlichen gewaltsamen Todes und einer Todeserfahrung nach jahrelanger Krankheit zu unterscheiden. Wenn jemand beim Schwimmen in einem See plötzlich zu ertrinken droht, ist das unerwarteter als beispielsweise ein Herzanfall, der meistens die Folge von längerem Stress oder körperlichen Symptomen ist. Ein solches Ereignis kündigt sich auf die eine oder andere Weise an.

Dennoch gibt es überraschende Übereinstimmungen, die ahnen lassen, dass auch bei einem plötzlichen Tod ein bestimmter Prozess vorher durchlaufen wird.

Die unbewusste Ablösung

Eine Nahtoderfahrung ist ein spontanes und plötzliches Erleben. Ein Mensch befindet sich auf dem Weg zur Arbeit, gerät in einen Unfall und ist für Augenblicke klinisch tot. An welchem Ort und unter welchen Umständen sich eine NTE auch immer ereignen mag, für den Betroffenen kommt das Erleben unerwartet. Das ist beim tatsächlichen Tod eines Menschen anders. Untersuchungen zeigen, dass jeder plötzliche Tod vorher von der betroffenen Person vorausgeahnt wurde. Das zeigt sich in unbewussten Äußerungen oder Handlungen.

Jeder Mensch *weiß*, wann seine Zeit gekommen ist, wie jeder Sterbende seinen herannahenden Tod spürt. Ein *plötzlicher Tod* ist also niemals zufällig. Es gibt ein zugrunde liegendes Muster, das von Forschern aus der ganzen Welt bestätigt wurde.

Therapeuten oder Seelsorger, die Todesnachrichten überbringen, berichten übereinstimmend davon, dass auch bei den Hinterbliebenen derartige Vorahnungen vorhanden sind. Hinterbliebene *wussten* oft, dass ein Angehöriger gestorben ist. Manche erlebten den Sterbemoment innerlich mit. Andere waren durch Äußerungen des Betroffenen, dass er bald sterben werde, vorbereitet. Manchmal träumen Menschen auch vom bevorstehenden Tod eines Angehörigen. Es gibt ein inneres Wissen, das uns manchmal auf unerwartete Todesfälle vorbereitet.

In einem Seminar erzählte mir eine Frau, dass sie sechs Wochen vor dem Unfalltod ihres Mannes die genauen Umstände seines Todes geträumt habe. Sie war sehr beunruhigt. Da aber in den folgenden Wochen nichts geschah, fühlte sie sich erleichtert. Doch dann, sechs Wochen später, verunglückte ihr Mann exakt unter den Umständen, die sie in ihrem Traum gesehen hatte.

Die bekannte amerikanische Sterbeforscherin P. M. H. Atwater beschreibt den Prozess der unbewussten, inneren Ablösung bei einem plötzlichen Tod in ihrem Buch »Ins Leben zurückkehren«:[14]

• In den meisten Fällen verändern Menschen ungefähr drei Wochen bis zu drei Monate vor ihrem Tod ihr bisheriges Verhalten.

• Diese Verhaltensveränderung beginnt damit, unerledigte Geschäfte abzuwickeln oder sich plötzlich neue Lebensziele zu stecken. Dieser Vorgang im Inneren des Betroffenen ist verbunden mit gleichzeitigen philosophischen Fragen nach dem Sinn des Lebens.

• Es folgt das Bedürfnis, jeden noch einmal zu sehen, der einem im Leben etwas bedeutet hat. Ist das nicht möglich, werden Briefe geschrieben oder Telefonate geführt.

• Wenn der Zeitpunkt des Todes näher rückt, intensiviert sich der Prozess, die persönlichen Angelegenheiten zu bereinigen. So werden Testamente verfasst oder die Angehörigen erhalten briefliche Instruktionen, wie mit Finanzen umgegangen werden soll. Andere informieren ihr Umfeld, wie unvollendete Projekte fortgeführt werden sollen.

- Ein tiefer Austausch von Gefühlen und Gedanken folgt. Was bisher niemals ausgedrückt wurde, wird nun den engsten Freunden und Angehörigen mitgeteilt. Alles, was im Leben wichtig war – ob Orte, Personen oder bestimmte Dinge – rückt für den Betreffenden in den Mittelpunkt. Die Person wirkt nach außen verändert und ist liebevoller und herzlicher. Wir halten das oft für einen Wendepunkt im Leben, an dem sich jemand von altem Ballast befreit.
- Manche beschäftigen sich plötzlich mit der Frage »Was geschieht, wenn ich sterbe?« Das kann auf sehr subtile Weise geschehen, so dass Angehörige dieses später als Vorahnung interpretieren.
- Anderthalb Tage vor dem eigentlichen Tod wirken die Betroffenen plötzlich beruhigt und friedlich. Sie erscheinen oft sogar in einem euphorischen Zustand von Vorfreude und Glück, so dass es den Eindruck macht, als ob etwas wirklich Wichtiges geschehen wird.

Das Erstaunliche an diesem Verhaltensmuster ist die Ähnlichkeit mit dem bereits beschriebenen Sterbeprozess. Dieses Muster ist von den Forschern schon ab einem Alter von vier Jahren belegt worden, und das sogar bei Personen, die später ermordet worden sind. Diese Persönlichkeitsveränderungen sind mal stärker oder mal weniger stark ausgeprägt. Das Muster ist willkürlich und hat keine feste Abfolge. Manche sprechen sogar vom exakten Zeitpunkt ihres Todes, wohingegen andere ihre innere Ahnung vor den Angehörigen verstecken. Dieses Muster belegt in aller Deutlichkeit, dass ein Mensch innerlich *weiß*, wann seine Zeit gekommen ist. Das trifft auf alle Todesfälle zu, egal, unter welchen Umständen sie sich auch ereignen mögen.

Die Sterbeerfahrung beim plötzlichen Tod

Bei einem plötzlichen Tod fällt der übliche Sterbeprozess vollständig weg. Der Betroffene ist bei vollem Bewusstsein und steht von einem Moment zum anderen seinem Tod gegenüber. Es stellt sich die blitzartige Erkenntnis ein, sterben zu müssen, bzw. dass der Tod unmittelbar bevorsteht. Schon 1972 veröffentlichte der Psychiater Russel Noyce zusammen mit Rey Kletty eine Studie über den plötzlichen Tod. Auf Grundlage der Arbeiten von Albert Heim, die bereits 1892 veröffentlicht wurden, untersuchte sein Forschungsteam Kriegsverletzte, Menschen, die sich durch ein Zugunglück in Lebensgefahr befunden hatten, oder Personen, die in den Bergen abgestürzt waren. Dabei stellte sich heraus, dass die unmittelbare seelische Reaktion der Betroffenen positiv war.

»Ein Bergsteiger, der eine Felswand hinuntergestürzt war, prallte mit dem Rücken und seinem Kopf auf. Dieses Ereignis konnte er zwar hören, doch schon während des Fallens wurde er mit einer Flut von Gedanken überschwemmt, die zusammenhängend waren. Er erlebte eine Rückschau auf sein Leben und dann den Übergang in die geistige Welt. Äußerlich verlor er zwar das Bewusstsein, doch er selbst bemerkte keine Unterbrechung in seinem Gedankenstrom. Noch im Fallen hatte er angenehme Vorstellungen.«[15]

Die Erfahrung des bevorstehenden plötzlichen Todes wurde von Russel Noyce in drei Stadien beschrieben:

1. Widerstand, wo der unerwartet vom Tod Bedrohte seine physischen und geistigen Kräfte in einem Höchstmaß einsetzt. Sein Denken ist klar und er handelt schnell und richtig. Alles läuft in Sekundenschnelle ab.

2. Dann erfolgt die Rückschau, wo das Leben am Betroffenen vorbeizieht. Er erlebt sich als außerhalb seines Körpers. Dieses

Lebenspanorama wird von einem plötzlich von seinem Körper Getrennten ohne Angst und Schmerz empfunden.

Der Pilot Bob Hall, der aus einer sehr großen Höhe aus einem Flugzeug sprang und dessen Fallschirm sich nicht öffnete, wurde wie durch ein Wunder gerettet. Später erklärte er einem Reporter, was er erlebt hatte:

»Ich habe geschrien. Ich wusste, dass ich gestorben und mein Leben vorbei war. Mein ganzes früheres Leben lief wie ein Kinofilm vor meinem Auge ab. Tatsächlich sah ich mein Leben vor mir. Ich sah das Gesicht meiner Mutter, alle Häuser, in denen ich gelebt hatte, die Militärakademie, die Gesichter meiner Freunde, einfach alles.«[16]

3. Der dritte Punkt ist das Stadium der Überschreitung. Der Betroffene empfindet Frieden, Glücksgefühle und Harmonie und wird eins mit dem Kosmos. Raum und Zeit heben sich auf. Ein Zustand der Freude und des Behagens stellt sich ein. Die Betroffenen erleben nun die typischen Merkmale einer Nahtoderfahrung.

Hier nun ein Beispiel für das oben Gesagte. Es handelt sich um das Erlebnis des jungen Craig, der bei einer Wildwasserfahrt beinahe ertrunken wäre. Er trieb auf einen Wasserfall zu und stürzte hinunter. Die Kraft des Wassers drückte ihn mit dem Gesicht auf den Boden. Es gab keine Hoffnung mehr, da er sich nicht befreien und nicht mehr atmen konnte. Sein Denken beschleunigte sich und Craig verlor jegliches Zeitgefühl.

»Ich konnte einfach nicht glauben, dass mein Leben hier und jetzt enden sollte. Ich hatte nie daran gedacht, dass ich einmal ertrinken würde und auch nicht daran, dass ich so jung sterben könnte ... Szenen aus meinem Leben begannen rasend schnell vor meinem Auge abzulaufen.«

Craig fügt sich in das Unvermeidliche und bewegt sich nun durch eine dunkle Leere, die er als einen langen Tunnel beschreibt. Er erlebt das Licht und findet sich in einer Welt völliger Harmonie wieder.

»Ich fühlte mich besser als je zuvor in meinem Leben. Es war, als würde ich in absoluter Liebe und totalem Verstehen baden und mich in diesem Glanz sonnen.«

Gleichzeitig aber erlebt er sich als schwebend über der Unfallstelle. »Jetzt war ich von meinem physischen Körper getrennt und stellte fest, dass ich auch ohne die Schmerzen und das Leid meiner physischen Existenz leben konnte.« Craig will eigentlich nicht zurückkehren, aber schließlich wird er gegen seinen Willen in seinen Körper zurückkatapultiert. Nun spürt er sofort die Schwere seines Körpers und wird sich seiner physischen Schmerzen bewusst.[17]

Wenn ein Mensch einen Unfall durch Reanimationsmaßnahmen überlebt hat, und man diesen später nach seinen Eindrücken befragt, ist häufig festzustellen, dass die Erinnerung des Betroffenen bereits vor dem Unfallereignis endet. Diese Menschen haben ihre Wahrnehmung zum Zeitpunkt des eigentlichen Unfalls nicht weiter auf die materielle Realität gerichtet. Ihr Bewusstsein hat den Körper bereits verlassen. Es ist ein Mechanismus, der in zahlreichen Situationen eintreten kann.

Der Mechanismus des Körperaustritts

Ein junger Mann fährt mit seinem Motorrad auf der Landstraße. Er fühlt sich frei und ungebunden und rast mit erhöhter Geschwindigkeit. Plötzlich trifft er auf einen parkenden LKW. »Ich trat mit voller Wucht auf die Bremse und dachte: ›Das war es nun, mein Leben.‹ Dann bemerkte ich, dass ich mich außerhalb meines Körpers befand und sah Bruchteile meines

Lebensfilms vor mir ablaufen. Doch dann war ich schon wieder abrupt in meinem Körper. In letzter Sekunde hatte ich abbremsen können. Ich war völlig unverletzt.«

In diesem Beispiel zeigt sich, dass der junge Mann das eigentliche Geschehen nicht mehr bewusst wahrgenommen hat. Durch den ausgelösten Stress war er noch vor dem vermeintlichen Aufprall aus seinem Körper ausgetreten – für Sekundenbruchteile.

Es gibt einen Mechanismus, der in absoluten Schocksituationen einen unmittelbaren Körperaustritt herbeiführt. Diese Aussage wird durch Abertausende, ähnlich lautende Berichte immer wieder bestätigt. Wenn aber durch einen Unfall der Körper eines Menschen zerstört wurde, schauen die Angehörigen ausschließlich darauf, was mit dem *Körper* während eines Unfalls geschehen ist. Sie fragen sich dann, ob das Unfallopfer qualvoll gestorben ist. Daraufhin bewerten sie die Umstände als schrecklich und stellen sich das Leiden der Betroffenen vor. Sie blicken nur ins Außen, wobei das innere Erleben aber eine davon getrennte Ebene ist.

Tatsache bleibt, dass ein Unfallopfer in den meisten Fällen das eigentliche Unfallgeschehen gar nicht wahrnimmt. Sein Bewusstsein und damit seine Wahrnehmung befinden sich schon jenseits von Raum und Zeit.

Von Psychologen wird das als Verdrängungsmechanismus angesichts der Lebensbedrohung interpretiert. Eigentlich aber ist die Wahrnehmung des Betroffenen bei einer plötzlichen Lebensbedrohung nicht länger auf die materielle Realität gerichtet. Insofern sieht ein Unfallopfer seinem eigenen Tod viel weniger direkt ins Angesicht, als die meisten Menschen annehmen.

Die Unfallerfahrung

Gerade durch Unfälle erleben zahlreiche Menschen Nahtoderfahrungen. Die Sterbeforschung hat festgestellt, dass kein Schmerz mehr empfunden wird, sobald der Körper verlassen wird. Neev, der bei einem Baseballspiel von einem stämmigen Spieler brutal überrannt und dadurch schwer verletzt wurde, erlebte das Folgende:

»Ich bemerkte, dass ich mich nicht in meinem physischen Körper befand. Ich spürte keinen Schmerz oder sonstiges Unbehagen, sondern ich war vollkommen im Frieden mit mir.«

Er sieht dabei zu, wie sein Körper zum Krankenwagen getragen wird. Sein Gesicht ist bereits stark geschwollen. Er hört alles, was gesprochen wird, und folgt dem Auto, mit dem sein Körper abtransportiert wird. Er erlebt seine Ankunft in der Notaufnahme als Zuschauer von außerhalb seines Körpers. »Ich beobachtete, wie die Sanitäter meinen Körper auf eine fahrbare Liege hievten und sie durch die beiden großen Türen in die Notaufnahme schoben. In dem langen, hell erleuchteten Korridor kamen sofort die Assistenzärzte auf mich zugerannt; sie fühlten meinen Puls und maßen meinen Blutdruck. Mehrere Ärzte machten sich gleichzeitig an mir zu schaffen.«[18]

Durch den Schock und die Wucht des Überranntwerdens löst sich – wie auch bei anderen Verkehrsunfällen – das Ich-Bewusstsein abrupt vom Körper. Der Betroffene schwebt dann über der Unfallstelle und nimmt alles wahr, was hier geschieht. Manche berichten sogar davon, die Gedanken der Umstehenden *gelesen* zu haben. Alle körperlichen Beschwerden und Schmerzen sind nun verschwunden. Der eigentliche Schmerz setzt erst dann ein, wenn die Menschen in ihren Körper zurückkehren. Schmerz ist ein Phänomen, das ausschließlich an den biologischen Körper gebunden ist.

Eine Frau erzählte nach einem schweren Autounfall: »Es war, als ob die Bande, die mich an die Welt binden, gekappt worden wären. Ich empfand keine Furcht mehr und spürte auch eigentlich meinen Körper nicht mehr. Ich konnte die Ärzte und Schwestern um mich herum arbeiten hören, aber das war bedeutungslos.«[19]

Häufig werden solche Erfahrungen bei einem Unfall durch Bewusstlosigkeit wegrationalisiert. Wenn ein Mensch eine solche Erfahrung nicht verstandesmäßig einordnen kann, wird ein solches Erlebnis vergessen. Obwohl das Wissen um die Weiterexistenz nach dem Tod in jedem von uns unterschwellig vorhanden ist, gibt es zahlreiche Menschen, die ihr Selbstbildnis ausschließlich über den Körper definieren. Das kann bei einem plötzlichen Tod dazu führen, dass die Betroffenen nicht erkennen, dass sie gestorben sind.

Ein solch unvorbereiteter Tod führt dann dazu, dass die Betroffenen orientierungslos und desorientiert sind. Sie wollen ihren Tod nicht akzeptieren. Manche bleiben in ihren Gedankenschleifen stecken. Die Betroffenen tun so, als befänden sie sich noch in ihrem physischen Körper. Da sie die Todeserfahrung nicht bewusst wahrgenommen haben, bleibt ihre Wahrnehmung auf die materielle Realität fokussiert.

Ein bekannter Psychiater, der sich gelegentlich um verstorbene Seelen kümmert, die im Übergang stecken geblieben sind, berichtete mir folgendes Beispiel: »Ein 17-jähriger Junge hatte sich heimlich das Motorrad seines älteren Bruders ausgeliehen. Er fühlte sich frei und unabhängig, bis er die Kontrolle über die Maschine verlor und gegen einen Baum raste. Er war sofort tot. Allerdings realisierte der Junge nicht, dass er gestorben war, sondern seine ausschließliche Wahrnehmung galt dem Gedanken, den Schaden wieder gutzumachen. In dieser Gedankenspirale steckte der Junge fest. Er bemerkte weder den Abtransport seines Körpers, noch dass dieser beerdigt wurde. In dieser Situation wurde ich durch meine Hellsichtigkeit auf ihn aufmerksam. Der Junge war völlig orientierungslos und ich half ihm zu erkennen, dass er gestorben war. Nun konnte er ins Licht eingehen.«

Die Reaktion der Angehörigen

Der plötzliche gewaltsame Tod wird von Angehörigen völlig anders erlebt als alle bisherigen Verluste. Durch das Unvorbereitete wird ihnen jegliche Möglichkeit genommen, vom Toten Abschied zu nehmen. Alles, was noch hätte gesagt werden können, bleibt unausgesprochen. Die meisten Menschen stellen bei einem plötzlichen Todesfall die verzweifelte Frage nach dem Warum. Dahinter verbirgt sich das Nicht-Wahrhaben-Wollen der Situation. In Wirklichkeit suchen die Betroffenen den fehlenden Abschied.

Das Elend ist häufig so überwältigend, dass Hinterbliebene an ihrem Verstand zu zweifeln beginnen. Die Wut ist tiefer als jemals zuvor, die Trauer nimmt Ausmaße an, die nie für möglich gehalten wurden. Es ist grundsätzlich viel schwerer, mit einem plötzlichen Tod zurechtkommen zu müssen, als mit einem erwarteten. Noch traumatischer wird es, wenn der Tod darüber hinaus noch gewaltsam war – zum Beispiel bei Mord.

Für Angehörige spielt der Körper in der Betrachtung eine große Rolle: Wenn er verletzt, misshandelt oder gar verstümmelt wurde, wird das wie ein persönlicher Schmerz empfunden.

Ein besonderes Problem ist dabei die häufig wiederkehrende bittere und bildhafte Vorstellung des Todesmomentes. Diese Bilder sind für die Betroffenen mit Angst und Schrecken behaftet. Sie belasten Trauernde in einem unvorstellbaren Maß und können sie über viele Jahre verfolgen. Sie kommen dadurch nicht zur Ruhe. Diese Bilder werden wie ein 24-stündiges Horrorvideo gesehen, wobei nicht bedacht wird, dass das Furchtbare, was geschah, nur ein einziges Mal passiert ist!

»Lebende und auch Tote werden durch diese bildhaften Vorstellungen an einen bestimmten Zeitpunkt in der Vergangenheit festgebunden und sie haben keine Chance, den Blick in die Zukunft zu richten. Damit erstarrt jede Möglichkeit, gestaltend das Leben zu ergreifen. Das eigene Leben kann den betreffenden Menschen dabei so sinnlos und schreckerstarrt erscheinen, dass sie es vorziehen würden, selbst tot zu sein, damit dieser unendlich grausame Film auch zu Ende ist.«[20]

Erst wenn wir imstande sind, uns über das Geschehen zu erheben und die Aufmerksamkeit auf das Hier und Jetzt des Augenblicks zu lenken, werden wir wieder handlungsfähig. Ein plötzlicher Tod ereignet sich niemals zum *rechten Zeitpunkt*. Der Schock ist verheerend, ob es sich um das Kind, den Partner, die Eltern, Geschwister oder einen Freund handelt. Besonders der gewaltsame Tod wird als absolut sinnlos erfahren, weil geglaubt wird, dass der Tod zu verhindern gewesen wäre.

Die meisten Verkehrsunfälle werden von Fahrern verursacht, die bewusst verantwortungslos gehandelt haben. Mehr als die Hälfte aller Autounfälle entstehen durch Trunkenheit am Steuer oder überhöhte Geschwindigkeit. Viele Fahrer nicken hinterm Steuer ein, da sie keine Pause eingelegt haben.

Zu den schlimmsten und schwersten Verlusten zählt es, wenn jemand ermordet wurde. Zahlreiche Mörder saßen bereits im Gefängnis oder einer Nervenheilanstalt und sind teilweise entkommen. Für viele Betroffene ist es ein Rätsel, warum die Gesellschaft nicht in der Lage ist, uns vor solchen Menschen zu schützen. Noch schlimmer für Hinterbliebene ist der Umstand, wenn ein Mord an einem Angehörigen von jemandem begangen wurde, den sie kannten. Wenn ein Junge oder Mädchen von demjenigen getötet wird, mit dem sie ausgegangen sind. Oder ein Babysitter tötet das ihm anvertraute Kind, ein eifersüchtiger Freund bringt die Exfreundin um …

Die Nachricht eines plötzlichen Todes

Wenn die Nachricht eines plötzlichen Todes empfangen wird, ist das für die Angehörigen ein kaum zu beschreibendes Gefühlschaos.

Katrin Weber freut sich auf den Urlaub in einem Ferienhaus in Dänemark. Ihr 24-jähriger Sohn Michael will sie mit seiner Freundin dort besuchen. Sie ist überglücklich und erwartet sehnsüchtig die Ankunft. Gegen 14.30 Uhr am 19. August 1996 ruft ihr Mann aus Regensburg an und teilt ihr den Tod des Sohnes mit, der auf dem Weg zu ihr war. »Meine Welt, mein Sein, mein Körper, meine Seele, mein ganzes Ich zerspringt in einer Explosion, zerfetzt, löst sich auf, zerteilt sich in atomkleine Teilchen. Ich bin nicht mehr vorhanden, weggewischt, nie gewesen … Ein einziger Gedanke taucht sofort auf und bleibt in großen Lettern, in meine Seele gedruckt, geschrieben, geschrien: Ich will zu ihm, sofort, ich will, ich muss mich von ihm verabschieden!«[21]

Was am Ende dieses Zitats ausgesprochen wird, ist das zentrale Thema des Abschiednehmens. Betroffene sollten für sich selbst immer frei darüber entscheiden, ob sie den Verstorbenen noch einmal ansehen möchten oder nicht. Wenn das nicht geschieht – und das gilt besonders bei einem plötzlichen Todesfall – sind wir auf unsere Fantasie angewiesen, um uns vorzustellen, wie der geliebte Mensch wohl ausgesehen haben mag. Hinzu kommen intensive Vorstellungen, dass der geliebte

Mensch nicht wirklich tot ist. Man rechnet in jedem Augenblick damit, dass er durch die Tür kommt oder anruft.

Der Tod eines Angehörigen wird also häufig nicht realisiert, wenn die Konfrontation mit seinem Leichnam fehlt. Für die meisten Menschen – und das hat sich immer wieder gezeigt – ist es für die Verarbeitung eines plötzlichen Todesfalles sehr hilfreich, ihre geliebten Toten noch einmal zu sehen und Abschied zu nehmen. Genauso wichtig ist es auch, die Kinder mit einzubeziehen.

Eine Frau berichtete mir vom Unfalltod ihres Sohnes: »Alexander war sehr schwer verletzt worden und hatte viele Wunden am Kopf. Ich erlaubte seinen jüngeren Brüdern nicht, sein Zimmer im Krankenhaus zu betreten. Heute bereue ich das sehr, denn es wäre die letzte Möglichkeit für sie gewesen, ihn noch einmal lebend zu sehen. Einen Tag später verstarb Alexander. Als er dann aufgebahrt wurde, nahm ich sie mit. Der Zwölfjährige gab ihm ein Sportabzeichen mit in den Sarg, was mich sehr berührte. Jeder nahm auf seine Weise Abschied von Alexander und das verbindet uns heute sehr.«

Katrin Weber beschreibt den Abschied von ihrem Sohn: »Ich verabschiede mich von meinem Sohn. Im Gerichtsmedizinischen Institut, sein Körper nur mit einem dünnen weißen Leinentuch bedeckt. Das Wissen darum, dass darunter sein zerschmetterter, zerschnittener Körper liegt. Sein Kopf ist unverletzt. Ich streichele sein Gesicht. Er ist tot – und er ist noch da, ist noch nicht endgültig gegangen, seine Seele ist noch da ... Ich würde gerne noch lange bei ihm bleiben, ihn streicheln, mit ihm reden – aber dieser Wunsch ist mir nicht bewusst genug in diesem Moment und so verlasse ich ihn nach etwa einer Viertelstunde.«[22]

Was Frau Weber beim Abschiednehmen bemerkt, ist die Anwesenheit ihres Sohnes. Jeder Abschied von einem geliebten Menschen ist wichtig. Für die Angehörigen ist der Abschied notwendig, um die Realität des Todes zu begreifen. Selbst wenn ein Abschied nicht durch eine direkte Konfrontation mit dem Toten vollzogen werden konnte, ist es wichtig zu wissen, dass dieser nachgeholt werden kann.

Jeder Verstorbene existiert weiter, und wir sind mit ihm über unsere Gedanken verbunden. Indem wir uns auf den Toten konzentrieren, kann alles Ungesagte und Unerledigte ausgesprochen werden. Wir können auch eine Kerze anzünden und ein Bild davor stellen. Jedes ausgesprochene Wort, jede Angst und jeder Schmerz findet durch das Aussprechen Erlösung. Nur wenn wir selbst die Vorstellung haben, dass all dies unsinnig ist, werden eine Wandlung und ein Akzeptierenkönnen des Todes verhindert!

4. KAPITEL

Der Tod von Kindern

In diesem Kapitel erfahren Sie

• von der gesellschaftlichen Isolation Angehöriger nach dem Tod eines Kindes

• was Kinder über ihren bevorstehenden Tod wissen

• wie eine Totgeburt oder ein früher Kindstod von den Angehörigen erlebt wird

• von der Wichtigkeit der Einbeziehung der Geschwister in den Trauerprozess

Der Tod eines Kindes

Der Tod eines Kindes ist ein Ereignis, über das kaum offen gesprochen wird. Die Umwelt eines Ehepaares, das ein Kind verloren hat, weicht gerne genaueren Fragen nach den Umständen und Situationen eines Todes aus.

Andererseits werden wir täglich von den Medien mit sensationsgierigen Berichten über sterbende oder tote Kinder konfrontiert. Das sind die geläufigen Berichterstattungen über verschwundene Kinder, die sexuell missbraucht und dann ermordet wurden. Solche Berichte beschäftigen die Öffentlichkeit oft über Wochen. Reporter scheuen sich nicht, die trauernden Eltern aufzusuchen und den maßlosen Kummer, die Fassungslosigkeit und den Schrei nach Vergeltung öffentlich darzustellen. Diese öffentlichen Fälle mögen uns kurze Zeit bestürzen, doch dann wenden wir uns wieder unserem Alltag zu. Der tragische Tod der Kinder, über die dort berichtet wird, betrifft uns eben nicht direkt.

Die Isolation betroffener Angehöriger

Für Hinterbliebene ist der Tod eines Kindes kaum in Worte zu fassen. Was sie nun brauchen ist Zuwendung. Bekannte und Freunde begegnen Eltern, die ein Kind verloren haben, eher hilflos und schweigend. Wir ziehen es vor, uns abzuschirmen und bringen uns dadurch um die Erfahrung einer Begegnung mit dem Tod. Trauernde brauchen das Gespräch über den Verlust besonders dann, wenn es sich um ein Kind handelt. Wenn die Umwelt nicht bereit ist, offen über den Tod eines Kindes zu sprechen, müssen die betroffenen Eltern mit dem Verlust ihres Kindes selber klarkommen. Statt Verständnis und Zuhören erfahren sie oft Isolation und Einsamkeit.

Eine Frau, deren fünfjähriger Sohn bei einem Unfall ertrank, berichtete bestürzt über die Reaktion ihrer Umwelt. »Ich weiß, dass die Leute es gut meinen, aber sie sagen die unglaublichsten Dinge. Am Tag nach dem Tod meines Sohnes sagte doch tatsächlich jemand zu mir: ›Sie sollten sich eine Katze zulegen, die leistet einem so wunderbar Gesellschaft.‹ Und ein anderer Freund sagte: ›Du kannst wirklich von Glück sagen, nur noch ein Kind zu haben, denn meine streiten sich die ganze Zeit.‹ Und es hat Leute gegeben, die die Straßenseite gewechselt haben. Leute, die ich kannte. Ich bemerkte, dass sie auf die andere Straßenseite gingen, als sie mich sahen, damit sie nicht mit mir reden mussten. Aber ich weiß, auch ich war so, bis Patrick starb.«[23]

Die Abwehr von Bekannten hat damit zu tun, dass echte Gefühle zurückgehalten werden. So wird der Verlust ignoriert, und sie tun so, als ginge das Leben weiter wie bisher. Der Tod ist noch immer ein Tabuthema und erst recht der Tod eines Kindes. Die Menschen werden verlegen, weil sie nicht wissen, wie sie sich den Trauernden gegenüber verhalten sollen.

Wenn Eltern über den Tod ihres Kindes sprechen wollen, weichen viele Menschen aus und wechseln so schnell wie möglich das Thema. Berichten die betroffenen Eltern dann auch noch von Nachtodbegegnungen mit ihrem verstorbenen Kind, so wird das als Wunschvorstellung oder lebhafte Fantasie abgetan. Unsere Gesellschaft neigt dazu, solche Phänomene allzu leichtfertig als trauerbedingte Halluzination anzusehen.

Eine andere Familie erlebte den Tod ihres Sohnes als Albtraum: Ein Motorradfahrer hatte den radelnden Buben übersehen und ihn mit dem Seitenspiegel voll erwischt – er war sofort tot.

»Die Endgültigkeit wurde uns an jenem Karfreitag zu einem unvorstellbaren Schockerlebnis. Zwanzig Minuten mussten wir auf den Notarzt warten ... eine weitere halbe Stunde auf den Leichenwagen. Kein Mensch kümmerte sich um meine Frau und mich. Auch danach nicht, als der Leichnam unseres Kindes einfach in einen metallenen Sarg gelegt und weggefahren worden war ...

Anfangs hat man ständig das Gefühl, jedem von dem Unfall erzählen zu müssen – ein Bedürfnis, das zu stillen die Umwelt kaum zulässt. Da vermeiden Bekannte, ja Freunde geflissentlich aus falscher Scham, eine Wunde aufzureißen, aus Angst, mit dem Tod eines Kindes konfrontiert zu werden, das auch das eigene hätte sein können. Die Menschen meinen, nach ein paar Monaten sei alles vorbei und man müsse wieder die oder der Alte werden. Doch das kann nie mehr werden.«[24]

Der Umgang mit dem Tod eines Kindes

In Deutschland sterben jedes Jahr mehr als 25 000 Kinder durch Unfall, Krankheit, Gewaltverbrechen oder Suizid. Für die betroffenen Mütter, Väter und Geschwister dieser Kinder ist das ein nicht enden wollender Albtraum, der sie oft über viele Jahre in einen psychischen Abgrund stürzen kann. Durch den Tod eines Kindes verlieren die Eltern und Geschwister ein Stück von sich selbst. Tiefgreifende Lebensinhalte, die schon die Zukunft betrafen, gehen verloren. Die Illusion von Sicherheit und Geborgenheit bricht weg. Die maßlose Trauer schreckt Freunde und Verwandte ab, die damit nicht umgehen können oder wollen. Der Trauerprozess kann sich aber über Jahre hinziehen, was in der Umwelt nicht selten zu einem Rückzug führt.

Es gibt keinen Maßstab für Trauer und schon gar nicht, wenn ein Kind unter tragischen Umständen sein Leben verlor. Manche Eltern trauern ein Jahr, manche fünf Jahre, manche für immer. Selbst wenn der Tod schon Jahre zurückliegt verschwinden bei einigen Schrecken und Traurigkeit nie.

Frauen machen die Erfahrung, dass ihr Ehemann völlig anders trauert als sie selbst. Ehepaare leiden dann an ihrer geschlechtsspezifischen Verschiedenheit. Sie erreichen sich nicht mehr gegenseitig und können den Partner nicht mehr auffangen. Männer ziehen sich eher zurück, zu einem Zeitpunkt, da die Ehefrau die Nähe und Zuwendung ihres Mannes am meisten braucht. Männer kompensieren den Tod eines Kindes häufig durch mehr Arbeit. Statt da zu sein, sind sie von zu Hause abwesend, da sie ihre Gefühle weniger zulassen können.

In diesem Zusammenhang berichtete mir eine Frau Folgendes: »In der ersten Zeit sehnte ich mich häufig nach der Nähe meines Mannes. Ich wollte mich an ihn lehnen. Doch er ging auf Distanz und wollte lieber alleine sein. Trauer kostet viel Kraft. Mein Mann war einige Monate nach dem Verlust unseres Kindes so erschöpft, dass er sich nur noch mit seinem Beruf beschäftigen konnte. Er besaß nicht die Kraft, sich mit dem eigentlichen Verlust auseinander zu setzen.«

Was von Außenstehenden oft unterschätzt wird, ist die finanzielle Notlage, in die Familien mit einem sterbenden Kind geraten können. Je länger eine Krankheit dauert, desto geringer wird die Anteilnahme des Arbeitgebers. Viele nehmen deswegen mehr Belastungen auf sich. Vor allem Männer versuchen, neben den ständigen Krankenhausbesuchen weiterhin den vollen beruflichen Einsatz zu bringen. So kommt der Existenzkampf für einen Vater in viel stärkerem Maß als für die Mutter zur seelischen und körperlichen Belastung hinzu.

Geistige Hintergründe

Jeder Mensch hat in seinem Leben eine ureigene Lebensaufgabe zu erledigen und seinen eigenen Lernprozess zu durchlaufen. Da wir alle in ein übergeordnetes Sein eingebunden sind, hat jedes einzelne Leben seinen eigenen, individuellen Sinn. Wenn ein Kind mit zwei Jahren an einem angeborenen Herzfehler stirbt, so kann es sehr wohl seine Aufgabe in diesem Leben erfüllt haben. Es hinterlässt seelisch-geistiges Wachstum in der betroffenen Familie. Die Lebensaufgabe eines Menschen hat also nichts mit dem Alter zu tun, in dem er stirbt.

Angesichts des bevorstehenden Todes zeigt sich bei kranken Kindern immer wieder, dass sie von ihrem nahenden Tod *wissen*. Im Gegensatz zu Erwachsenen stehen sie ihm im Allgemeinen nüchterner und unbefangener gegenüber. Das liegt auch daran, dass zumindest bis zum sechsten Lebensjahr ihre Kanäle für die sie umgebende geistige Welt noch offen sind. Sie wissen, dass sie erwartet werden und haben jenseitige Visionen. Zum Entsetzen der Erwachsenen, die den Ernst der Situation eher verdrängen, sprechen Kinder offen über ihre Wahrnehmungen.

Auffällig ist, dass alle sterbenden Kinder einen erstaunlich schnellen Reifungsprozess durchlaufen. Die geistige Entwicklung, für die viele Menschen ein ganzes Leben brauchen, wird von ihnen in einer erstaunlich kurzen Zeit bewältigt. So hinterlässt ein sterbendes Kind Wachstum und Erstaunen bei den Angehörigen.

Hier der Bericht einer Mutter über den Tod der nur 15 Monate alten Elena, die an einem bösartigen Gehirntumor starb: »Wir warten nicht auf den Tod. Wir leben jede Minute in einer bisher nicht erahnten Intensität. Es ist eine zeitlose Zeit ... Der behutsame, für uns kaum spürbare Prozess des Loslassens, des Abschiednehmens, des Reifens wird von unserer Tochter gelenkt. Sie bestimmt das Tempo und zeigt uns den Weg – unendlich liebevoll und zart, für uns zuweilen gewaltig und schmerzlich ... An einem Nachmittag sitzen mein Mann und ich gemeinsam mit unserer Tochter auf dem Bett; wir beide weinen. Elena sieht uns an, krabbelt zum Kopfkissen, holt darunter ein Taschentuch hervor und hält es uns mit ernstem Blick hin. Wir sind gerührt und verblüfft: Unser 15 Monate altes Kind will uns trösten. Überhaupt macht Elena in ihren letzten Lebenswochen einen ungeheuren Reifeprozess durch. Sie ist kein kleines unbeholfenes Kind mehr. Sie ist in gewisser Weise selbstständig geworden. Der körperlichen Unzertrennlichkeit der ersten Wochen folgt Elenas zunächst vorsichtiges, dann entschlossenes Loslassen – begleitet von Traurigkeit, Selbstbezogenheit und viel Liebe. In ihren letzten Lebenstagen nimmt sie meine Hand und schiebt sie wieder weg. Später will sie gar nicht mehr berührt werden. Sie hat sich in Liebe von uns gelöst und wir lassen sie gehen.«[25]

Hier wird der Prozess des Loslassens und Abschiednehmens, der für Eltern zu den schmerzlichsten Erfahrungen ihres Lebens zählt, von einem nur 15 Monate alten Kind gelenkt. Elena spürt die emotionalen Bedürfnisse der Eltern und wandelt sich vom Kleinkind zu einer reifen, selbstständigen Persönlichkeit. Das Kind bestimmt auch das endgültige Loslassen, was dann von ihren Eltern akzeptiert wird. So stirbt das Kind in Frieden und hinterlässt geistiges Wachstum.

In der Kindertherapie werden heute oft spontane Zeichnungen

eingesetzt. Auch diese verraten in bestürzend eindeutiger Weise, dass Kinder ein inneres Wissen von ihrem bevorstehenden Tod haben.

Das Erleben des Mitsterbens

Es gibt immer wieder Fälle, in denen Eltern davon berichten, dass sie den Tod ihres Kindes seelisch miterlebt haben. Das kann sich hinter dem plötzlich auftretenden Gefühl verbergen, dass dem Kind etwas zugestoßen ist. Manchmal ist es auch eine vage Ahnung, dass etwas nicht stimmt. Solche Vorahnungen treten vor allem bei plötzlichen Todesfällen auf. Diese Erfahrung des Mitsterbens hängt damit zusammen, dass wir durch die Liebe und die Gedanken immer mit unserem Kind verbunden sind. Einige Eltern sehen ihr Kind im Augenblick des Todes vor sich.

»Genau um Mitternacht hatte ich so ein komisches Gefühl, eine Art nervöser Erregung. Ich schlug die Augen auf und da stand meine Tochter am Fußende des Bettes. Sie strahlte so hell, dass es aussah, als stünde sie lichterloh in Flammen. Ich weiß nicht warum, aber mir war klar, dass sie gestorben war.«[26]

Es war Elisabeth Kübler-Ross, die schon vor einem Vierteljahrhundert auf die Gesamtzusammenhänge des Sterbens von Kindern aufmerksam machte. Sterbende Kinder sagen uns viel eher als Erwachsene, was sie brauchen, um in Frieden von uns gehen zu können. Sie haben noch nichts Unerledigtes angesammelt und sind unbelastet vom Beziehungsstress oder den Fehlentscheidungen eines Lebens. Sie fühlen sich nicht verpflichtet so zu tun, als wäre alles in Ordnung. Deshalb verstellen sie sich nicht wie die Erwachsenen.

In der Begleitung sterbender Kinder ist es wichtig zu wissen, dass wir sie niemals über ihren Zustand täuschen können.

Wenn der Tod nahe rückt, weiß ein Kind intuitiv, dass es sterben wird. Es registriert alle Schmerzen und Ängste der Familie. Insofern ist es sinnlos, mit einem fröhlichen Lächeln über den anstehenden Verlust hinwegzugehen. Wenn wir aber offen mit der Situation umgehen, werden die Kinder uns dabei helfen, ihren Tod anzunehmen. Dann können wir sie in Frieden sterben lassen. Insofern sind Kinder für uns die besten Lehrmeister.

Elisabeth Kübler-Ross über Kinder und Tod

In einem Interview, das ich Anfang 2000 mit Elisabeth Kübler-Ross in Phoenix, Arizona, geführt habe, sagte sie mir zu diesem Gesamtzusammenhang: »Wenn man schon in der Kindheit damit anfangen würde, könnten wir uns frühzeitig mit dem Tod vertraut machen. Viele Eltern schließen ihre kleinen Kinder beim Sterben Angehöriger aus. Das ist totaler Quatsch! Man sollte Kinder beim Sterben mit einbeziehen. Man sollte sie beim Großvater auf den Knien sitzen lassen, damit sie ihn berühren und streicheln können, bis er kalt wird. Und nicht so blöde Geschichten erzählen wie: ›Er ist zum Jesus gegangen. Oder in den Himmel‹, vielleicht war er ein Buddhist. Sie dürfen nur Sachen sagen, die Sie glauben. Die Kinder mögen es nicht, wenn man lügt. Und dann verbringen sie ein, zwei Tage auf dem Friedhof und sprechen zu dem Großvater und haben auf diese Weise keine Angst mehr vor dem Tod. Dadurch behalten sie den Kontakt mit ihrem Großvater.

Das ist wahrhaftige Erziehung. Diese Kinder werden später keine Angst vor dem Tod haben. Wenn es ihnen erlaubt ist, beim Sterbenden zu sein, von ihm Abschied zu nehmen und an der Beerdigung teilzunehmen, wird der Abschied akzeptiert. Man schließt die Kinder nicht aus, man nimmt sie mit. Und das stärkt die Familienbande. Ich habe das 40 Jahre gelehrt, aber die Menschen halten sich nicht daran, obwohl es wahr ist.

Es ist das Problem der Eltern, die zu kurzsichtig denken. Kinder verkraften so viel mehr als Erwachsene. Wenn Eltern ihre Kinder nicht in den Prozess des Sterbens einer Oma beispielsweise einbeziehen, so werden beide – die Sterbende wie auch das Kind – um eine elementare Erfahrung gebracht. Ich habe fünfzehn Jahre mit sterbenden Kindern gearbeitet und die haben mich mehr gelehrt als alle Erwachsene zusammen. Kinder sind viel weiser als Erwachsene und wissen, wo wir herkommen und wo wir hingehen. Sie sind nicht so stur wie wir.«

Als schwierig und unlösbar erscheint die Frage vieler Eltern nach dem Warum: Warum musste mein Kind so früh sterben? Warum lässt Gott das zu und greift nicht ein?

Was die eigentliche geistige Lebensaufgabe eines Menschen ist und dass sich jeder eine bestimmte Erfahrung *so* und nicht anders ausgesucht hat, ist etwas, was dem menschlichen Verstand niemals zugänglich sein wird. Diese Dinge ereignen sich auf einer für uns unbewussten seelischen Ebene. In Wahrheit gibt es nämlich kein früh oder spät, da Zeit nicht existiert.

Unser irdisches Leben ist eingebettet in einen größeren geistigen Sinnzusammenhang: Wenn wir sterben, wechseln wir nur die Frequenz. In Wirklichkeit gibt es keinen Tod. Wenn ein Kind stirbt, ist davon auszugehen, dass es auf die Welt kam, um nur sehr wenig lernen zu müssen. Es hatte nur wenige Dinge zu erledigen. Das Kind darf dann wieder nach Hause gehen, dahin, woher wir alle kommen. Sterbende Kinder kennen ihre geistige Heimat und haben keine Angst. Vielleicht helfen sie ihren Eltern dabei, Liebe zu lernen oder sind aus dem Grund auf die Erde gekommen, um seelisches Wachstum bei ihren Angehörigen zu hinterlassen. Dabei ist zu beachten, dass ein langsames Sterben bei Kindern wie auch deren plötzlicher Tod Lektionen für die *Angehörigen* sind, nicht aber für das Kind! Letzteres wird am meisten verkannt.

Vorahnungen

Verblüffend ist die Tatsache, dass Kinder, die eines plötzlichen Todes starben, eine innere Vorahnung von ihrem Tod hatten. Es gibt zahlreiche Eltern, die solche Vorahnungen dokumentiert haben.

»Ein 16-jähriges Mädchen, das durch den Sturz vom Pferd plötzlich ums Leben kam, hinterließ ein Gedicht, das am Tag nach ihrem Unfall gefunden wurde. Es trägt den Titel ›Mutter‹, und die letzten Zeilen lauten: ›Wie kann ich dich verlassen und trotzdem wissen, dass du mich bei dir spürst? Wenn du mich bittest, dich zu berühren und ich kann es nicht, wirst du das verstehen?‹«[27]

Ein kleines Mädchen, das durch einen Verkehrsunfall ums Leben kam, hinterließ in ihrem Schreibtisch einen Liebes- und Dankesbrief an ihren Vater.

Ein 15-jähriges Mädchen erklärte ihrer entgeisterten Mutter, dass sie nicht mehr auf die Schule gehen, sondern zu leben beginnen wolle, denn es sei schon fast vorbei. Sie brachte ihr Zimmer und ihre Garderobe in Ordnung, verließ das Haus und kam bei einem Autounfall ums Leben.

Ergreifend ist dieser Bericht einer Mutter, deren vierjährige Tochter am Morgen ihres Todestages von einer jenseitigen Vision berichtete. Am Nachmittag desselben Tages wurde das Kind ermordet.

»Meine Tochter wachte an jenem Morgen zeitig auf, in einem Zustand, den ich nur als äußerste Erregung bezeichnen kann. Sie hatte diese Nacht in meinem Bett geschlafen und ich wachte auf, als sie mich umarmte und aufrüttelte und zu mir sagte: ›Mami, Mami, Jesus hat mir gesagt, dass ich in den Himmel komme! Ich freu mich auf den Himmel, Mama, es ist so schön dort, voll Gold und Silber und Glanz, und Jesus und der liebe Gott sind da.‹ Die Mutter ist sehr beunruhigt, weil das Kind so euphorisch über seinen Tod spricht, was es noch nie zuvor getan hatte. Das kleine Mädchen hielt seinen Traum für echt und bat seine Mutter, sich keine Sorgen zu machen, da Jesus für sie sorgen werde.«[28]

Diese Beispiele zeigen in aller Deutlichkeit, dass diese Kinder ihren bevorstehenden Tod intuitiv erfassen. Sie wollen, natürlich unbewusst, ihre Eltern auf den Verlust vorbereiten. Wie Erwachsene bringen Kinder ihre Sachen in Ordnung oder bedanken sich für die Liebe der Eltern. Wir finden also auch bei Kindern die Elemente der unbewussten Ablösung, wie ich sie bereits beschrieben habe.

Elisabeth Kübler-Ross schrieb in ihrem »Brief an Eltern, die um ihr Kind trauern«, dass nach ihrer Erfahrung alle Kinder, die sich dem Tod nähern, sich dessen auf einer spirituellen Ebene bewusst sind. »Jedes Kind, selbst wenn es ermordet wurde, hat auf jeden Fall eine Botschaft hinterlassen, aus der rückblickend abzulesen ist, dass es *wusste*, sein Leben würde dem Ende entgegengehen. Auch wenn es sich um einen völlig unerwarteten tödlichen Unfall handelt, *wissen* es alle. Nicht bewusst – und deshalb können sie es nicht aussprechen –, sondern intuitiv.«[29]

Sterbevisionen von Kindern

Sterbebettvisionen oder Todesvisionen werden von Sterbenden bei vollem Bewusstsein als äußerst reales Ereignis erlebt. Sie sehen verstorbene Verwandte, Gott, Engel oder Bilder vom

Himmel. Todesvisionen ereignen sich, wenn der Tod unmittelbar bevorsteht. Sie sind Teil des umfassenden Sterbegeschehens und werden bei vollem Bewusstsein als Wirklichkeit erlebt. Derartige Visionen hängen mit der Bewusstseinserweiterung Sterbender zusammen: Je mehr sich die Lebensenergie aus dem Körper zurückzieht, umso mehr verlagert sich die Wahrnehmung des Sterbenden auf die geistige Welt.

Osis und Haraldsson stellten fest, dass diese Visionen vor allem bei Patienten vorkommen, denen keine Beruhigungsmittel verabreicht wurden und die daher noch wenige Stunden vor ihrem Tod bei klarem Bewusstsein waren. Die Begegnungen mit Verstorbenen sind Boten, welche die Sterbenden abholen wollen und sie auf der anderen Seite erwarten. Die Inhalte von diesen Sterbebettvisionen sind vergleichbar mit Nahtoderfahrungen. Gerade bei sterbenden Kindern kommen diese tröstlichen Visionen sehr häufig vor.

Ein junges Mädchen litt an einem Hirntumor. Die Ärzte hatten ihr gesagt, dass die Chemotherapie angeschlagen habe und der Gehirntumor besiegt sei. »In der folgenden Nacht hatte Becky eine Vision, in der eine weiße Frau ihr mitteilte, dass sie sterben werde. Der Arzt bestand darauf, dass sie nur geträumt habe, aber Becky wusste, dass es die Wahrheit war. Die Vision war für sie so gegenwärtig, als ob Besucher in ihr Zimmer gekommen wären und mit ihr gesprochen hätten. Innerhalb weniger Wochen ging es mit ihr bergab und sie starb.«[30]

Solche Visionen sind heute vergessene Bestandteile des Sterbeprozesses. Der französische Historiker Philippe Ariès dokumentierte in seiner »Geschichte des Todes«, dass es früher üblich war, dass Sterbende auf dem Totenbett ihre Visionen schilderten, in denen längst Verstorbene oder Gott auftauchten. Das Sterben fand zu Hause statt, und die Familie, Freunde und Nachbarn versammelten sich um das Bett des Patienten.

Die Anwesenden erwarteten, von jenseitigen Visionen zu hören. Diese Passwörter wurden von Generation zu Generation weitergegeben. Sterbebettvisionen waren ein natürlicher Bestandteil des Sterbeprozesses.

Heute werden Patienten, die von solchen Visionen berichten, aus Angst mit Narkotika und Valium behandelt. Diese löschen das Kurzzeitgedächtnis und damit jede Erinnerung an irgendwelche Visionen oder Nahtoderfahrungen, die ein Patient haben könnte. Erst unlängst stellte Pim van Lommel in seiner Nahtodstudie eindeutig fest, dass die Erinnerung an eine Nahtoderfahrung mit der Funktion des Kurzzeitgedächtnisses unmittelbar zusammenhängt. Je mehr bewusstseinstrübende Medikamente verabreicht werden, desto weniger werden NTEs erinnert.

Ein elfjähriger Junge wurde mit einer unheilbaren Lungenentzündung ins Krankenhaus eingeliefert. Kurz vor seinem Tod bat er seine anwesenden Eltern, ihn gehen zu lassen. »Habt keine Angst‹, sagte er, ›ich habe Gott, die Engel und die Hirten gesehen. Dort ist das weiße Pferd.‹ So krank, wie er war, bat er seine Familie noch, nicht um ihn zu trauern. Er wusste, wohin er ging und dass es ein fröhlicher, wunderbarer Ort war. ›Es ist herrlich. Es ist schön‹, sagte er und streckte seine Hand aus. Kurz darauf legte sich Seth zurück und schlief ein. Er kam nicht wieder zu Bewusstsein und starb zwei Tage später.«[31]

Dieser Junge war von seiner Familie und seinen Freunden umgeben, als er starb. Seine Visionen halfen den Angehörigen, seinen Tod zu akzeptieren. Sie fühlten sich getröstet und wussten, dass sich das Kind an einem sicheren Ort befand.

Wie gezeigt wurde, ereignen sich visionäre Phänomene viel häufiger als wir denken.

Abschiednehmen von einem Kind

Der Augenblick, in dem Eltern die Nachricht vom Tod ihres Kindes erhalten, ist verheerend. Das ganze bisherige Leben verändert sich von einer Sekunde zur anderen. Nichts ist mehr, wie es einmal war. Schock, nicht zu bewältigender Schmerz und Nicht-Wahrhaben-Wollen sind die unmittelbaren Reaktionen. Dabei ist es von außerordentlicher Wichtigkeit, das verstorbene Kind noch einmal zu sehen. Viele Eltern äußern instinktiv den Wunsch, sofort zu ihrem Kind gebracht zu werden.

Manche können sich nicht entscheiden, ob sie ihr Kind noch einmal sehen wollen. Aber gerade dann, wenn der Tod plötzlich durch einen Unfall, Suizid oder durch ein Gewaltverbrechen eingetreten ist, ist es von ausschlaggebender Wichtigkeit, den Leichnam noch einmal zu sehen. Wenn das verabsäumt wird, verlängert sich der Trauerprozess unter Umständen um Jahre.

Wenn kein Abschiednehmen erfolgt, bleiben unbewältigte Gefühle zurück. Die Betroffenen haben dann den Eindruck, dass ihr Kind noch lebt. Erst durch den Anblick der Leiche wird vielen Eltern klar, dass ihr Kind nicht mehr da und der Körper nur noch eine Hülle ist. Eine solche direkte Konfrontation mit dem Tod kann nur heilsam sein, weil alle Berührungsängste danach verblassen. Selbst wenn der Anblick der Leiche erschreckend ist, weil sie verstümmelt ist und sich ihr Anblick tief eingräbt, ist die Gewissheit des Todes später für den Trauerprozess hilfreich.

»Wir standen vor unserem toten, schönen Jungen. Wir kapierten es einfach nicht. Freilich konnten wir Abschied nehmen, doch leider viel zu kurz ... niemand ermunterte uns zum Bleiben, zum Wachen, zum Beten, zum intensiven Abschiednehmen. Das tut uns heute noch leid.«[32]

In der heutigen gesellschaftlichen Situation, in der der Verlust eines Menschen und die Trauer um ihn ausgegrenzt wird, liegt es in der Eigenverantwortung von Eltern, würdig von einem toten Kind Abschied zu nehmen.

Von überaus großer Wichtigkeit ist es dabei, auch mit den Geschwistern des verstorbenen Kindes über den Tod zu sprechen. Kinder werden die grundlegenden Zusammenhänge des Lebens nicht verstehen, wenn der Tod eines Familienmitgliedes verschwiegen wird oder nur mit ausweichenden Antworten bedacht wird.

Bei einem Todesfall in der Familie sollten alle Mitglieder mit einbezogen werden – auch beim Abschiednehmen und bei der Beerdigung. Wenn Erwachsene diese Fragen nicht zulassen können, werden sich bei den Kindern Vorstellungen über Sterben und Tod entwickeln, die erheblich traumatischer sind als die Wirklichkeit.

Der Tod ist eine endgültige Trennung von einem Menschen, den wir lieben. Jede Trennung ist eine schmerzliche Grunderfahrung, die mit Unsicherheit und Angst einhergeht. Leider haben heute viele Erwachsene keine Erfahrungswerte im Umgang mit dem Tod. Es herrscht auch Unsicherheit darüber, was beim Tod mit uns geschieht und wie es weitergeht. Genau das überträgt sich auf die Kinder. Sie spüren die Unsicherheit ihrer Eltern sehr deutlich, wenn sie keine ausreichenden Antworten bei einem Todesfall in der Familie bekommen.

Kinder setzen sich in jeder Altersstufe mit dem Tod auseinander. Viele Erwachsene ignorieren das völlig, weil sie glauben, ein Kind sei noch zu klein dafür. Was Erwachsene verkennen ist, dass Kinder viel mehr intuitiv über den Tod erfassen, als Erwachsene für möglich halten. Wenn sie früh sterben müssen, wissen sie dieses intuitiv und bringen es auch zum Ausdruck, was die Eltern aber meistens verstört.

Mit zwei Jahren fängt ein Kind an, zwischen tot und lebendig zu unterscheiden. In den folgenden Jahren lernt es, dass verschiedene Formen und Ursachen des Todes existieren. Dann wird sich ein Kind langsam der Unvermeidlichkeit des Todes bewusst. Dabei prägen die Eltern und andere enge Bezugspersonen die Vorstellungen eines Kindes vom Tod.

Die Einbeziehung der Geschwister

Wenn ein Familienmitglied gestorben ist, ist es für Kinder von ausschlaggebender Wichtigkeit zu verstehen, dass dieser Mensch wirklich tot ist. Sie können die Realität des Todes nur dann begreifen, wenn sie den geliebten Menschen sehen und anfassen können. Auch wenn jemand durch einen Unfall oder Suizid gestorben ist und sich sein Aussehen stark verändert hat, ist es für die Kinder sinnvoll und gut, unter dem Schutz eines vertrauten Menschen Abschied zu nehmen – aber nur dann, wenn es dieses freiwillig will! Die Vorstellungen und Fantasien von Kindern sind häufig viel schrecklicher als die Realität.

Die Eltern sollten mit ihrem Kind über den Verstorbenen sprechen, wann immer sie dieses wünschen. Das gemeinsame Erinnern und Trauern hilft einem Kind, die Lücke, die ein geliebter Mensch hinterlassen hat, zu füllen.

Wenn ein eigenes Kind stirbt, kann es auch sein, dass der Schmerz bei den Eltern zu groß wird. Dadurch fühlen sich die anderen Geschwister vernachlässigt. Sie glauben dann, dass die Eltern für sie nicht mehr erreichbar sind. Kinder fühlen sich schnell unwichtig und vernachlässigt. Deshalb sollten Eltern, wenn sie sich wieder gefasst haben, mit ihren Kindern offen über das Geschehen sprechen. Es ist niemals möglich, derartige Veränderungen zu verschweigen.

Totgeburt und früher Kindstod

Jährlich kommen in Deutschland mehrere tausend Kinder tot zur Welt. Über 6000 Babys sterben vor oder kurz nach der Geburt durch den »Plötzlichen Säuglingstod«. Auch diese Eltern müssen mit dem Tod ihres Kindes fertig werden. Unsere Gesellschaft neigt dazu, derartige Todesfälle zu bagatellisieren. Es kommt immer wieder vor, dass tot geborene Säuglinge weggeräumt, beseitig und entsorgt werden. Mütter, die ihr Kind nicht austragen können oder deren Kind unmittelbar nach der Geburt stirbt, verfallen oft in schwere Depressionen. Eine Totgeburt oder ein plötzlicher Säuglingstod wird von der Umwelt häufig nicht ernst genommen. Die betroffenen Eltern müssen mit dem Verlust ihres Kindes alleine fertig werden. Sie hatten keine Möglichkeit, ihr Kind überhaupt kennen zu lernen oder mit ihm zu leben. Oft haben sie ihr Kind nicht einmal gesehen, da es sofort entsorgt wurde. Es ist so, als habe es nie existiert. Alle Hoffnungen und Wünsche, die mit der Geburt verbunden waren, werden zu Illusionen.

Das Leben der Betroffenen verändert sich durch den Tod genauso wie bei jedem anderen. Für die Eltern ist es wichtig, über ihre Ängste und verstörenden Gefühle reden zu können. Doch sie machen in ihrem Bekanntenkreis häufig die Erfahrung, dass sie in ihrer Trauer nicht ernst genommen werden nach dem Motto: Pech gehabt, das Leben geht weiter, und vielleicht klappt es ja beim nächsten Mal.

»Eine Frau, die nach einer Fehlgeburt ein gesundes Kind entbinden konnte, wird zum dritten Mal schwanger. Es gibt Komplikationen und schließlich wird der Tod des Jungen schon vor seiner Geburt festgestellt. Die Nabelschnur hatte sich um seinen Hals gelegt. ›Eigentlich wollte ich ihn direkt in den Arm nehmen. Als er aber dann so blutverschmiert, leicht blau gefärbt und völlig schlapp dalag, konnte ich es doch nicht ... Dann bekam ich ihn in den Arm. Wir hatten ihn zwei Stunden bei uns, ich schaute ihn ganz genau an ... Nach zwei Stunden gaben wir Julian freiwillig wieder der Hebamme. Er wurde langsam kühl und wir hatten Angst vor den Veränderungen. Dass dieser Abschied zu früh und zu abrupt war, merkte ich schnell.‹

Vor seiner Beerdigung setzte die Frau beim Bestattungsunternehmen durch, Julian noch einmal zu sehen, was ihr in ihrer Trauer sehr geholfen hat. Erst am Tag nach der Totgeburt realisierte sie, was geschehen war und alles brach über ihr zusammen: ›Ich fiel in ein tiefes Loch, wusste nicht, wie ich da jemals wieder herauskommen sollte ... Nichts erschien mir mehr sinnvoll. Manchmal wäre ich selbst am liebsten gestorben.‹ Wenig später wurde sie wieder schwanger und entband einen Sohn. ›Dennoch hat Julians Tod seine Spuren in unserem Leben hinterlassen. Vieles ist anders als früher, wird es wohl auch immer bleiben. Julian wird immer unser zweites Kind bleiben, das nie mit uns leben durfte.‹«[33]

So hinterlässt jeder Tod immer seelisches und geistiges Wachstum. Derartige Verlustsituationen sind Wendepunkte im Leben, weil nach einer solchen Erfahrung nichts mehr so ist, wie es einmal war.

Ein wichtiger Punkt in den Aussagen der Frau ist das rechte Abschiednehmen. Ein Baby, das tot geboren wurde, sollte beiden Eltern überlassen werden. Wenn es im Arm gehalten und betrachtet wird und berührt werden kann, führt das dazu, dass auch eine Totgeburt als der eigene Nachwuchs angenommen wird. Nur so können Eltern und auch die Geschwister sich mit der Realität des Todes eines Säuglings abfinden.

Hierzu ein Beispiel: »Seit vielen Monaten wartete Familie S., Mutter, Vater und zwei Kinder, auf das *neue* Baby. Am Abend begannen die Wehen, Oma kam, um auf die Kinder aufzupassen. Die Eltern fuhren in die Klinik. Am nächsten Mittag kam der Anruf des Vaters aus der Klinik, das Baby sei am späten Abend kurz nach der Geburt gestorben. Die Oma fuhr mit den beiden Kindern in die Klinik, wo sie die Eltern mit dem toten Kind in einem ruhigen Zimmer vorfanden. Der Vater hatte das Baby im Arm; es hatte einen Strampelanzug an. Die Kinder konnten das tote Baby anschauen, weinen, es anfassen, darüber sprechen, warum es nicht mehr leben konnte.«[34]

Durch das Abschiednehmen vom Baby unter Einbeziehung der Geschwister und der Oma erhält das tote Kind seinen Platz in der Familie. Alle Angehörigen können nun in einer angemessenen Weise gemeinsam trauern.

5. KAPITEL

Hintergründe: Krieg, Katastrophen, Naturgewalten und Terror

In diesem Kapitel erfahren Sie

- dass der Mensch durch seine Gedanken Urheber allen Umweltgeschehens ist

- von den geistigen Hintergründen großer Katastrophen

- dass jeder Krieg sinnlos ist

- von stecken gebliebenen Seelen im Kriegsgeschehen

- wie uns der Glaube in Krisensituationen helfen kann

Die geistigen Hintergründe von Katastrophen

Kein Tod ist zufällig: Diese Aussage bereitet uns besonders bei großen Katastrophen, in denen sehr viele Menschen gleichzeitig ums Leben kommen, große Probleme. Wenn ein Flugzeug abstürzt und Hunderte von Menschen in den Tod gerissen werden, oder wenn bei einem Erdbeben Tausende ums Leben kommen, stellen wir stets die Frage nach dem »Warum?« und »Wie kann Gott das zulassen?« Von außen betrachtet erscheint uns der gleichzeitige Tod so vieler Menschen als fremdbestimmt, ja schlimmer noch, als willkürlich und zufällig.

Ein Massengeschehen, in dem zahlreiche Menschen gleichzeitig das Leben verlieren, kann nur vor dem Hintergrund eines größeren geistigen Sinnzusammenhangs verstanden werden. Ich möchte nun schrittweise versuchen, dem Leser die Hintergründe eines solchen Massensterbens genauer zu erläutern.

Zunächst ist die Aussage zu treffen, dass alle Ereignisse unseres Lebens von uns selbst unbewusst erschaffen werden. Jede Person, jeder Ort, an dem wir uns aufhalten, und jedes Ding wird von uns selbst herangezogen. Durch die Macht unserer Gedanken sind wir Urheber von allem, was um uns herum geschieht. Der Mensch ist sich leider nicht einmal ansatzweise darüber im Klaren, wie sich seine Gedanken auf Alles und Jedes um ihn herum auswirken. Gedanken besitzen Schöpferkraft. Sie führen im Leben immer zu einer Konsequenz.

Aus den Nahtoderfahrungen wissen wir, dass unsere Gedanken unmittelbar die jenseitige Erfahrung bestimmen. Wenn wir an bestimmte Personen denken, sind wir sogleich in ihrer Gegenwart. Wenn wir uns ein bestimmtes Haus vorstellen, in dem wir gerne leben würden, nimmt es gleich Gestalt an. Unsere Gedanken manifestieren sich also nach dem Tod direkt und sofort. Dabei wird alles gleichzeitig erlebt, da Raum und Zeit aufgehoben sind.

In unserer materiellen Wirklichkeit erschaffen wir durch unsere Gedanken unser Schicksal. Wir sind die Summe der Gedanken, Worte und Handlungen unseres Lebens. Da sich aber auf der Erde durch die Raum- und Zeitdimension kein Ereignis sofort realisiert, gibt es hier Verzögerungen. Nicht zuletzt sind dabei auch unsere Ängste und Zweifel im Spiel, da diese unseren Willen verwässern. Wir sind bei unseren Entscheidungen oft nicht eindeutig. Wenn wir uns im Leben nichts mehr wünschen, als ein bestimmtes Haus zu besitzen, so arbeiten wir so lange, bis wir dieses Haus kaufen können. Wir machen vielleicht viele Überstunden, haben wenig Zeit für neue Kontakte, bis sich unser Wille manifestiert. Es kann mitunter viele Jahre dauern, bis ein Ziel erreicht wird.

Je klarer wir eine Sache wollen, desto eher kann sie sich manifestieren. Dieses Prinzip betrifft ebenfalls unsere unbewussten Bedürfnisse und negativen Gedanken. Insofern ist niemand einfach zufällig an einem Ort, an dem ein Unglück geschieht. Das bisherige Leben eines Opfers bei einem Busunglück hat den Betroffenen zu einem bestimmten Zeitpunkt an diesen Ort geführt, wo er kollektiv mit anderen zusammen sein Leben beendet. Das Verblüffende bei allen großen Katastrophen ist die Tatsache, dass manche Menschen schicksalsmäßig verhindert werden, einen bestimmten Zug oder Flug zu erreichen. Am Rande solcher Katastrophen ist das immer wieder der Presse zu entnehmen. Das heißt, dass niemand stirbt, der nicht sterben soll bzw. will. Unser bisheriges Leben sowie unsere *unbewuss-*

ten Bedürfnisse haben uns in diese Erfahrung hineinkatapultiert.

Alles, was geschieht, ist das Resultat unserer Entscheidungen und des eigenen Willens. Insofern stirbt kein Mensch zufällig, da kein Tod wirklich ungebeten kommt.

Die geistige Wesenheit Seth, die viele Jahre durch die Amerikanerin Jane Roberts sprach, drückte diese Verhältnisse so aus: »Was nicht verstanden wird, ist die Tatsache, dass ein Individuum sich zu leben entscheidet, bevor es ins Leben tritt. Ein Selbst ist nicht einfach das Wesen einer Persönlichkeit, die aufgrund zufälliger biologischer Abläufe Mensch geworden ist. Jeder Mensch, der geboren wird, *wünscht* geboren zu werden. Er stirbt, wenn dieser Wunsch nicht länger wirksam ist. Weder eine Epidemie noch eine Krankheit, noch eine Naturkatastrophe – noch die verirrte Kugel aus dem Gewehrlauf eines Mörders – wird einen Menschen töten, der nicht sterben will.«[35]

Sterben ist also auf Wollen gegründet: Ein Mensch wird geboren, weil das seinem eigenen Bedürfnis entspricht, und er stirbt, weil er – unbewusst – sterben will. Die Seele des Menschen hat diese Entscheidung getroffen, die unterhalb der Schwelle der bewussten Wahrnehmung erfolgt ist.

Vor unserem Leben haben wir uns für den Zeitpunkt, den Ort und das Umfeld unserer Geburt im Hinblick auf die zu erfüllende Lebensaufgabe entschieden. Wir kommen aus der geistigen Welt und kehren in diese zurück, da wir als geistige Wesen unsterblich sind. Der Wunsch zu sterben kann deswegen auch der Ausdruck eines anderen Überlebenswillens sein.

Die persönliche Lebensaufgabe eines Menschen ist mit seinen Angehörigen verflochten. Dabei spielt der Ort der Geburt eine wichtige Rolle. Wir werden in eine bestimmte Familie hineingeboren, sind Angehörige eines Staates, gehören einer bestimmten Rasse an etc. So gesehen haben wir von Geburt an eine bestimmte Lebensaufgabe. Da unsere Seele grundsätzlich unsterblich ist, ist sie schon auf der Erde Teil eines Ganzen. Deswegen sind wir Menschen mit allem anderen Sein im Himmel wie auf Erden verbunden. Das mag dem menschlichen Verstand nicht zugänglich sein, da wir uns im Körper als getrennt erfahren und ständig zwischen Außen und Innen unterscheiden.

Bezogen auf ein Massenunglück tragen die Gedanken aller Beteiligten zu einer entsprechenden Wirklichkeitserfahrung bei.

Naturkatastrophen

Von außen betrachtet erscheint der Tod vieler Menschen durch die permanent zunehmenden Naturkatastrophen als fremdbestimmt. Wir können solche Geschehnisse nicht verhindern. Erdbeben oder Überschwemmungen sind nur selten konkret voraussehbar. Sie ereignen sich von einem Moment zum anderen.

Seth sagt dazu: »Die Bevölkerung eines Landes ist selbst verantwortlich für Dürreperioden, Erdbeben, Überschwemmungen und Wirbelstürme – wie auch für des Landes reiche Ernte und die Fülle seiner Naturprodukte, seiner Industrieerzeugnisse und seiner kulturellen Leistungen; und jedes dieser Elemente hängt mit jedem anderen zusammen.«[36]

Die Natur weiß, was sie tut, und versucht, ihr Gleichgewicht zu halten. Wenn der Mensch respektvoll mit der Erde umgehen und sie als lebendiges Wesen mit eigenen Bedürfnissen begreifen würde, könnten wir häufig frühzeitig erkennen, wenn sich eine große Naturkatastrophe anbahnt. Erscheinungen des Wetters, des Klimas oder Erdbewegungen sind Signale für bevorstehendes Unheil. Solange der Mensch aber bedenkenlos Chemikalien in die Gewässer streut, das Abholzen des Regenwaldes betreibt, Flüsse künstlich reguliert oder Stauseen errichtet, wird in den natürlichen Lauf der Natur eingegriffen. Was wir dann als Naturkatastrophe erleben, ist für die Erde die Befreiung von Überdruck und eine Entladung aufgestauter Spannungen. Wenn sich eine Art oder Gattung übermäßig vermehrt, treten bei Menschen und Tieren Seuchen auf, die einen Ausgleich schaffen. Wann immer schwere Krankheiten besiegt werden, treten andere unheilbare Krankheiten auf. Man denke da nur an die vielen neuen, gefährlichen Viruserkrankungen. Die Wissenschaft wird es niemals schaffen, den Tod zu beseitigen, weil er für den Menschen notwendig ist.

Die Gesamtsumme der Gedanken und Gefühle aller Menschen sind Gedankenströme, die in der Atmosphäre der Erde gespeichert sind. Das bedeutet, dass wir aus der Gesamtheit unserer persönlichen Seelenzustände ein spezifisches, kulturelles Klima eines Landes erschaffen. Wenn die Gedanken einer Bevölkerung zu sehr von negativen Einstellungen bestimmt sind, sind die Auswirkungen verhängnisvoll.

Dieses Muster können wir im Augenblick explizit in Deutschland beobachten. Wenn täglich vom Schrumpfen des Wirtschaftswachstums die Rede ist, ist absehbar, wie sich negative Gedanken auf die politische und soziale Ordnung auswirken: Hoffnungslosigkeit und Angst nähren diese Zustände. Diese inneren Glaubensüberzeugungen vieler Menschen wirken sich auch körperlich destruktiv aus und stören das Immunsystem des Körpers. So verhält es sich auch mit der Natur, die auf die Gesamtheit negativer Gedanken mit Naturkatastrophen reagiert.

Insofern ist kein Mensch das Opfer von Naturkatastrophen, sondern stets das Opfer der eigenen Gedanken und Gefühle. Der

Umgang des Menschen mit der Natur sowie die gleichzeitige Ausbeutung der Erde, hat ebenfalls schlimme Auswirkungen, die sich in den Klimaveränderungen der vergangenen Jahre allzu deutlich zeigen. Die Wetteranomalien häufen sich auf der ganzen Welt.

Jeder Mensch leistet seinen eigenen Beitrag durch seine individuelle Lebensaufgabe. Diese ist geistiger Natur, und insofern hat jeder von uns unterschiedliche Dinge in seinem Leben zu lernen. Darüber hinaus sind wir gleichzeitig in ein kollektives Schicksal eingebunden. Wenn in Erdbebengebieten oder überschwemmungsgefährdeten Regionen die Einwohner durch eine Naturkatastrophe gleichzeitig getötet werden, besteht zwischen den Opfern eine innere Verbindung.

In der westlichen Welt fehlt ein größerer geistiger Sinnzusammenhang. Das augenblickliche kulturelle Klima ist von einem ausgeprägten Individualismus und dem egoistischen Lustprinzip der Spaßgesellschaft gekennzeichnet. Jeder läuft isoliert seinen eigenen Wünschen und Zielen hinterher. Dabei fehlen tragende Werte. Alle Bedrohungen dieser materialistischen Lebenseinstellung durch Krieg und Terror, dem wirtschaftlichen Niedergang, der steigenden Arbeitslosigkeit und dem Pflegenotstand alter und kranker Menschen werden dabei ignoriert. Solange wir selbst nicht von einem Problem betroffen sind, führt das zu Apathie und Wegsehen vor der Not anderer. Angesichts der steigenden Arbeitslosigkeit bei gleichzeitigen leeren Kassen der öffentlichen Haushalte wird sich die soziale Situation in den nächsten Jahren extrem verschärfen. Schon jetzt zeigt sich, dass alle vermeintlichen Sicherheiten wegbrechen. Wie gezeigt wurde, sind wir in allem, was uns widerfährt, selbst maßgeblich durch unsere Gedanken beteiligt.

Krieg und Terror

Über den Sinn oder die Sinnlosigkeit des Krieges ist schon viel geschrieben worden. Angesichts der internationalen Reaktionen auf den 11. September ist grundsätzlich festzustellen, dass niemand einen wie auch immer gearteten *Heiligen* Krieg führen kann. Ein Krieg ist niemals von Gott gewollt oder gar ins Werk gesetzt: Jeder Krieg verletzt die Würde des Menschen ebenso wie seine Freiheit und erst recht das Gebot der Liebe. Ein Krieg ist unter keinen Umständen zu rechtfertigen. Die Urkraft hinter allem Sein, die wir Gott nennen, steht immer auf allen Seiten, da sie in jedem Einzelnen von uns wohnt. Insofern ist jede Tötung eines Menschen eine Verletzung der Menschenwürde und der Unversehrtheit des menschlichen Lebens.

Jeder Mensch, der einen anderen tötet, hat dies immer selbst zu verantworten. Es ist gegen das Gebot der Liebe, einen anderen umzubringen. Angesichts des Todes zeigt sich dies in aller Deutlichkeit. Der Tod entscheidet nicht über eine vermeintlich gerechte oder ungerechte Sache, er trifft auch keinen Unterschied zwischen einem Amerikaner oder einem Iraker, der gefallen ist. Wer einen Menschen getötet hat, wird mit den Auswirkungen seiner Tat konfrontiert sein.

Die Todeserfahrung des Menschen ist universaler Natur und wird auf der ganzen Welt ähnlich erlebt. Der Tod des Menschen ist nicht nur eine biologische Notwendigkeit, sondern er hat eine wichtige seelisch-spirituelle Komponente. Solange wir leben geht es um die Entfaltung unseres seelischen Potenzials. Wenn der Zeitpunkt gekommen ist und sich die Lebensaufgabe des Einzelnen erfüllt hat, entscheidet sich die Seele zu sterben. Sterben meint in diesem Zusammenhang die Rückkehr in eine andere Wirklichkeit, der wir alle entstammen.

Nach dem Übergang wird sich jeder von uns ungeschminkt ins Gesicht schauen und mit den Auswirkungen seines Lebens auf andere konfrontiert sein. Das betrifft Soldaten ebenso wie Diktatoren der Weltgeschichte. Opfer und Täter sind im Tod gleich.

Im Endeffekt kann die Menschheit einem Krieg nur nachträglich einen Sinn verleihen, indem sie die gemachten Erfahrungen aufarbeitet. Je mehr sich die Menschen die verheerenden Folgen ihrer Kriege vor Augen führen, desto mehr können sie daraus für die Zukunft ihre Lehren ziehen. Der Nationalsozialismus beispielsweise, der die niederträchtigsten Tendenzen im Menschen zum Vorschein brachte und Millionen unschuldiger Menschen vernichtete, hat etwas verändert: Die westliche Welt wachte angesichts der Vernichtung von Abermillionen Menschen durch den Zweiten Weltkrieg auf. Alle beteiligten Nationen durchschauten die Täuschungen Hitlers. Das führte dazu, dass in großen Teilen Europas heute Frieden herrscht.

Wenn eine Nacharbeit über die Folgen des Krieges nicht erfolgt, wird ein geistiges Klima von Terror, Gewalt, Unterdrückung, Mord und religiösem Fanatismus erzeugt. Der Krieg hört nicht auf, weil die betroffenen Parteien keine ernsthaften Reflexionen zulassen. Als Beispiel möge der Nahe Osten gelten, wo Selbstmordattentate der Araber die Regel sind und Vergeltungsschläge Israels umgehend erfolgen. Das erleben wir tagtäglich in den Nachrichten. Gewalt erzeugt stets Gegengewalt. Die religiöse oder ideologische Fanatisierung von Massen erzeugt nicht enden wollenden Hass, Rache, Vergeltung und neue Gewalt. Dabei zeigt sich, dass Krieg und Terror in den Köpfen der Menschen entstehen.

Die Gnade des Glaubens

Viele Menschen haben die katastrophalen Auswirkungen des Zweiten Weltkrieges nur durch ihren Glauben überstanden. Durch die Ausrichtung auf die Zukunft und eine Orientierung auf ein sinnstiftendes Ziel wird Gottvertrauen erreicht. Das Bedürfnis nach einem übergeordneten Sinn wird dann dringlich, wenn die Menschen durch eine Notlage an ihren Werten zu zweifeln beginnen. In unserer Zeit, in der immer mehr scheinbare Sicherheiten wegbrechen, ist die Sinnfrage augenblicklich überall zu vernehmen.

Wer nach dem Sinn des Lebens fragt, hofft gleichzeitig auf ein Leben nach dem Tod. Glaube allerdings kann auch missbraucht werden. Das zeigt sich in aller Deutlichkeit bei den Selbstmordattentätern. Eva Gesine Baur und Wilhelm Schmid-Bode schreiben: »Denn was Selbstmordattentäter antreibt ist schließlich das überwältigende, siegessichere Vertrauen auf eine Belohnung im Jenseits. Der Fundamentalismus, ob muslimischer, christlicher oder jüdischer Prägung oder so, wie ihn viele Sekten leben, ist sicher auch ein Grund dafür, dass die Glaubensfrage ins Bewusstsein der Nichtgläubigen gerückt worden ist. Wenn das Vertrauen von Gläubigen so viel vermag, auch wenn es schrecklich, blutig, monströs ist, dann verfügen sie über eine Antriebskraft, die den Nichtgläubigen fehlt. Für die fanatischen Täter gibt es etwas, das größer ist als sie selbst und die Aufopferung ihrer Person lohnt. Auch wenn wir ihre Taten verurteilen, nötigt uns diese Einsicht, über Glauben als die wohl größte geistige Macht nachzudenken.«[37]

Gottvertrauen ist sicherlich die stärkste Kraft, die wir in unserem Inneren aktivieren können. In Bezug auf das Fortleben nach dem Tod ist, unabhängig von Kultur und Religion, jeder Einzelne für sich und seine Taten verantwortlich. Die heutige

Dimension politischer Terrorattentate, die durchweg religiös motiviert sind, sollte uns nicht darüber hinwegtäuschen, dass es niemals eine Rechtfertigung für das Töten von Menschen gibt, weder im Krieg, noch durch eine politische Verfehlung eines Landes, noch weil jemand ungläubig ist. Im Tod werden sich Opfer und Täter gegenüberstehen und sich aussöhnen und vergeben müssen.

Der Terrorattentäter des 11. September in New York wird genau wie jeder andere mit den Folgen seiner Taten konfrontiert sein. Das viel beschworene Paradies und seine irdisch geprägte Verheißung ist ein Bewusstseinszustand der reinen Liebe, nicht aber von Hass und Mord oder Richtig oder Falsch. Insofern wird er mit den 3800 Toten konfrontiert sein. Das ist aber ein Bewusstseinszustand, der bearbeitet werden muss, bis erkannt wird, dass die Liebe das Einzige ist, was zählt. Die Todeserfahrung im Krieg kann sich problematisch auswirken. Das soll nun näher erläutert werden.

Stecken gebliebene Seelen durch Kriegsgeschehen

Der Tod in einem Kriegsgeschehen kann zu einer Desorientierung der Soldaten nach ihrem Übergang führen: Sie erkennen nicht, dass sie gestorben sind und bleiben in einer Zwischenwelt stecken. Medien und Hellsichtige auf der ganzen Welt betonen immer wieder, dass auf den großen Schlachtfeldern der Geschichte, wo oft Abertausende gleichzeitig getötet wurden, noch heute viele Verstorbene nicht erlöst sind.

Der amerikanische Hellseher Gordon Michael Scallion, der als moderner Nostradamus gilt, beschreibt diese Zusammenhänge in seinem Buch »Notes from the Cosmos«.

Scallion berichtet darin von Visionen, in welchen ihm mehrere Teenager aus der Zeit der Sezessionskriege erschienen. Da sich diese Visionen ständig wiederholten, entschloss er sich, zu den großen Soldatenfriedhöfen dieser Kriege zu reisen. Auf diesen Schlachtfeldern waren an einem einzigen Tag Tausende von jungen Menschen getötet worden. Diese unerlösten Seelen brauchten dringend seine Hilfe. Seit Jahrhunderten stecken sie in einer Zwischenwelt fest. Nun hatten sie ihren Zustand erkannt und wollten sich auf andere Jenseitsebenen begeben. Als Scallion an dem ihm bezeichneten Ort ankommt, sieht er Tausende von jungen Menschen als Schemen über den Gräbern stehen.

Der Hellseher bemühte sich, ihnen den Weg ins Jenseits zu zeigen, damit sie ihren Frieden finden können. Schließlich lösten sich die Erscheinungen über den Gräbern auf.

Ein verbleibender Junge erklärte ihm: »Viele von uns, es waren Hunderttausende, sind im Übergang stecken geblieben. Wir waren viel zu jung, als wir starben. Wir wussten nichts. Unser Leben war schon beendet, bevor wir Zeit hatten, uns auf den Übergang vorzubereiten. Wir verharrten auf diesem Bewusstseinslevel in einer Art Schock und führten die Schlacht fort, in der wir gestorben waren. Wir konnten keine Entscheidung mehr für uns selbst treffen.«[38]

Ähnliches geschah durch die Atombomben von Hiroschima und Nagasaki. Von einer Sekunde zur anderen wurden Abertausende von Menschen ins Jenseits befördert. Auch auf den Schlachtfeldern des Ersten und Zweiten Weltkrieges starben Abermillionen von Menschen oft gleichzeitig. Das führte bei vielen Seelen dazu, dass die Zeit stehen blieb. Sie erlebten das Ereignis der Schlacht wieder und wieder. Sie konnten nach ihrem Tod das Bewusstsein nicht von dem Geschehen auf dem Schlachtfeld abziehen.

Erst wenn Verstorbene ihr Bewusstsein auf die eigentliche jenseitige Realität richten, ist es für andere Geistwesen möglich, ihnen zu helfen. Noch heute geschieht Ähnliches auf allen Kriegsschauplätzen dieser Welt. Insofern ist es überaus wichtig, für Kriegsopfer zu beten. Es gibt viele Medien auf der ganzen Welt, die versuchen, diesen armen Seelen zu helfen, damit sie ins Licht eingehen können.

Zweiter Teil

6. KAPITEL

Der Suizid

In diesem Kapitel erfahren Sie

- dass die Selbsttötung sehr stark in Wertungen eingebunden ist

- von der Häufigkeit des Suizids

- was die Todesart über das Motiv eines Betroffenen aussagt

- wie in der Psychiatrie mit sterbewilligen Menschen verfahren wird

Fakten über den Suizid

Weltweit sterben pro Minute ein bis zwei Menschen durch Suizid. In Deutschland liegt die offizielle Rate relativ konstant bei ca. 13 000 Fällen pro Jahr. Das bedeutet, dass sich alle 45 Minuten ein Mensch in Deutschland das Leben nimmt. Es bleibt festzuhalten, dass auf einen geglückten Suizid mindestens zehn Suizidversuche kommen.

Bei Jugendlichen ist der Suizid nach Unfällen die zweithäufigste Todesursache. Täglich nehmen sich zwei junge Menschen bis 25 das Leben. Alarmierend ist dabei der Umstand, dass die Anzahl von Selbsttötungen bei Jugendlichen ansteigt. Wir können das täglich in den Zeitungen lesen: Da stürzt sich ein 15-jähriges Mädchen von einem Hochhaus, ein junger Mann wird tot auf einer Parkbank gefunden, weil er sich eine Überdosis Heroin gespritzt hatte, ein anderer wirft sich vor die einfahrende U-Bahn oder Teenager verabreden sich im Internet zum gemeinsamen Sterben.

In der heutigen Gesellschaft mit ihren wirtschaftlichen Problemen und steigender Arbeitslosigkeit lässt sich bei Heranwachsenden schon früh eine Orientierungslosigkeit und Perspektivlosigkeit feststellen. Die junge Generation ist sehr stark gefährdet und unberechenbar in ihrem Tun. Dennoch bleibt anzumerken, dass die zahlenmäßig weitaus größere Gruppe, die Suizid begeht, ältere Menschen von über 60 Jahren sind.

Die Motive einer Selbsttötung sind so unterschiedlich wie die Menschen, die sie begehen. Häufig ist ein Suizid für eine Familie unerklärbar, in anderen Fällen spielt Rache eine große Rolle oder psychische Probleme, die jemand nicht mehr anders meistern konnte.

»Die beiden 15-jährigen Mädchen Petra und Martina tranken Sekt, aber sie waren nicht betrunken. Sie wussten, was sie taten. Früh um vier standen sie in der kalten Januarnacht an der 20 Meter tiefen Schlucht im Westerwald. Sekunden später lagen ihre Körper unten. Sie hatten sich hinuntergestürzt. Dieser Doppelsuizid ließ alle ratlos zurück: die Eltern, die Geschwister, die Mitschüler, die Polizei, die Presse. Ein erkennbares Motiv gab es nicht. Sichtbar war nur das Leid der verstörten Angehörigen.«[39] Hier nun zwei Beispiele, die mir persönlich berichtet wurden:

»Nach dem Tod ihres Mannes baute die 72-jährige Irene enorm ab. Sie magerte ab und wurde depressiv. Über weite Strecken war sie von ihrem Sohn nicht mehr ansprechbar. Sie bat um ärztliche Hilfe und wurde kurz in eine psychiatrische Klinik eingewiesen. Nach dem Klinikaufenthalt kam Irene zu ihrem Sohn. Als dieser drei Tage später von der Arbeit nach Hause kam, waren im ganzen Haus Rauchschwaden. Er fand seine Mutter in der Badewanne, wo sie sich mit Spiritus übergossen und angesteckt hatte. Er war entsetzt über diese äußerst brutale Art, aus dem Leben zu gehen.«

»Ein ehemaliger Bürgermeister einer Kleinstadt war viele Jahre in einen Sumpf von Korruption und Amtsmissbrauch verwickelt. Schließlich hatte die Presse herausgefunden, dass er sich hatte bestechen lassen. Ein Spießrutenlauf begann, mit täglich neuen Schlagzeilen in der Regionalpresse. Drei Wochen später findet die Polizei seinen Wagen neben einer Brücke. Wenig später entdeckt sie seine Leiche in der Flussmündung – der Bürgermeister war von der Brücke in den Tod gesprungen. Die ganze Gemeinde war verstört.«

Wie diese Beispiele zeigen, gibt es sehr viele unterschiedliche Motive für eine Selbsttötung. Grundsätzlich unterscheidet die Suizidforschung zwischen Hilfeschreien, Suizid durch Krankheit, Bilanzsuizid oder tiefe Verzweiflung und Hoffnungslosigkeit. Daneben gibt es suizidale Handlungen, die manipulieren wollen, um andere Menschen unter Druck zu setzen. Es gibt keine typische Persönlichkeitsstruktur, die per se zur Selbsttötung neigt. Am meisten gefährdet sind aber Menschen mit negativen Denkweisen oder depressiven Zügen. Ein Anzeichen für eine Suizidgefährdung kann sein, dass sich jemand plötzlich von seinen Verpflichtungen und Verantwortlichkeiten zurückzieht oder wichtige Kontakte abbricht.

Der Drang, sich selbst das Leben zu nehmen, hat mit Verzweiflung und Scheitern ebenso zu tun, wie mit massiven persönlichen Problemen, denen ein Mensch entfliehen will. Kein anderes menschliches Phänomen ist so sehr in Wertungen eingebettet wie der Suizid. In zahlreichen Büchern und Schriften über das Thema deutet schon die Begriffswahl des jeweiligen Autors den wertenden Standpunkt an: Es ist dabei sehr wohl ein Unterschied, ob von »Selbstmord«, »Suizid« oder »Freitod« gesprochen wird.

In vielen Publikationen heißt es immer noch »Selbstmord«, wobei die Vokabel Mord suggeriert, dass eine Person, die durch eigene Hand stirbt, ein Mörder ist. Da die Möglichkeit, sich selbst zu töten, in jedem Menschen verankert ist, wird es Selbsttötungen geben, solange es Menschen gibt.

Andere Autoren operieren mit dem Begriff »Freitod«, wobei sie von einem sinnvollen und selbstbestimmten Tod ausgehen. Das Recht des freien Todes einzufordern ist freilich müßig: Wer den inneren Drang verspürt, sich das Leben zu nehmen, wird dies über kurz oder lang sowieso tun und einen geeigneten Weg oder eine entsprechende Methode für sich finden. Die Frage stellt sich, ob es den so genannten philosophischen und wohl durchdachten »Freitod« überhaupt gibt.

Überaus problematisch wird die Benutzung des Freitodbegriffs in der Diskussion um aktive Sterbehilfe, setzt diese doch Krankheit, Schmerz und Leiden voraus. Eine freie Entscheidung, leben zu wollen oder nicht, ist somit nicht mehr gegeben. In diesem Buch wird versucht, irreführende Begrifflichkeiten und Wertungen durch die neutralen Begriffe Suizid oder Selbsttötung zu ersetzen.

Der Suizid ist letztlich eine von vielen Todesarten, die der Seele offen stehen, wenn sie ihren Wunsch zu leben aufgegeben hat und sich einen Weg sucht, diese Welt zu verlassen. Das kann sich genauso durch einen plötzlichen Unfall oder durch eine tödlich verlaufende Krankheit manifestieren.

Die Selbsttötung gehört zum Phänomen des plötzlichen Todes. Selbst wenn ein Betroffener sich lange mit seinem Tod auseinander gesetzt hat, geschieht ein Suizid für die Angehörigen meistens unerwartet. Die soziale Umgebung ignoriert häufig die Signale, die gesetzt werden.

Der Suizid gehört zu den am meisten tabuisierten Themen. Nur eine angemessene, offene Auseinandersetzung über das Thema schon in den Schulen könnte jungen Menschen die Folgen einer Selbsttötung vor Augen führen. Solange wir uns nicht einmal über das Sterben und was mit uns nach dem Tod geschieht auseinander setzen wollen, bleibt der Suizid ein noch viel größeres Tabu. Die absolute Hilflosigkeit von Angehörigen und Freunden nach einer Selbsttötung in der eigenen Familie zeigt uns eindeutig, wie wichtig es wäre, sich frühzeitig mit den Themen Sterben und Tod auseinander zu setzen.

Suizid und Psychiatrie

Verschiedene empirische Untersuchungen zeigen, dass Menschen, die nach einem Suizidversuch in der Psychiatrie landen, häufig mit Überdosen Psychopharmaka behandelt werden. Ein Psychiater der Harvard-Universität gab das in einem Interview unumwunden zu und begründete seine Haltung wie folgt: »Je weniger wir von einem Phänomen begreifen und umso größer unsere Angst davor ist, desto mehr versteifen wir uns darauf, unsere barbarischsten und gewaltsamsten Methoden anzuwenden.«[40]

Die Verabreichung starker Psychopharmaka nach einem Suizidversuch kommt einer Bestrafung gleich. Die Hilflosigkeit von Ärzten und Pflegepersonal in der Psychiatrie ist besonders hoch, wenn ein Mensch sterben will. Anstatt verständnisvoller psychotherapeutischer Gespräche werden Medikamente verschrieben, welche die Betroffenen benebeln und betäuben. Dahinter steckt bei den Psychiatern die Angst, dass sich ein Patient auf seiner Station das Leben nimmt.

Der Suizid gehört zu den am meisten beschriebenen Phänomenen des menschlichen Lebens überhaupt. Unmengen von wissenschaftlichen Untersuchungen füllen die Bibliotheken. Auffällig ist dabei, dass Vorurteile oder Ängste den wissenschaftlichen Diskurs beherrschen. Die Fülle der angehäuften Details und Daten ist überaus erstaunlich. Der eigentliche Informationsgehalt ist aber sehr gering. Was fehlt ist ein tieferes Verständnis und eine Einfühlung in die Motive der Selbsttötung. Viele heute vorliegende Arbeiten zum Thema reflektieren eine Abwehrhaltung. Neutral gesehen ist der Suizid eine von zahlreichen möglichen Todesarten.

Die Selbsttötung findet sich zu allen Zeiten, in allen Völkern und in allen Kulturen der menschlichen Geschichte. Kein anderes Thema ist derart in Beurteilung und Bewertungen eingebunden wie die Selbsttötung. Die Frage, inwieweit ein Mensch das Recht hat, sich selbst das Leben zu nehmen oder nicht, steht noch heute im Mittelpunkt öffentlicher Diskussionen und scheidet die Geister.

Ein Suizid provoziert immer noch die unterschiedlichsten Reaktionen. Kein anderes menschliches Verhalten wurde einer ähnlich ungleichen moralischen, philosophischen oder historischen Bewertung unterworfen. Das hängt damit zusammen, dass kein Suizid mit einem anderen gleichzusetzen ist.

Suizid ist eine der vielen Normalitäten unserer Gesellschaft, vor denen wir zumeist die Augen verschließen. Dabei ist er keine Perversion, die uns mit Abscheu erfüllen sollte. Jeder von uns kommt irgendwann damit in Berührung, sei es durch eigene Gedanken, durch Vorfälle in der eigenen Familie oder im Freundeskreis. Das Schockierende und Angstmachende am Suizid ist seine Endgültigkeit, da der Tod nicht rückgängig gemacht werden kann.

Die Angehörigen sind am schwersten betroffen. Sie brauchen nun in verstärkter Weise unsere Hilfe, unseren Trost und unsere Zuwendung. Sie brauchen nach diesem Schock Personen und Orte, wo sie ihren Gefühlen freien Lauf lassen können und sich angenommen fühlen. Wichtig für Begleitende ist ein Verständnis für die Betroffenen, wobei nur klärende und unterstützende Gespräche helfen können. Das bedeutet: einfach da sein, vorurteilslos zuhören und niemals kritisieren.

Ein vollendeter und geglückter Suizid setzt sich aus vielen unterschiedlichen Faktoren zusammen: Er ist stets eine Verkettung verschiedener Ursachen. Dabei ist häufig nicht der vordergründige Auslöser die Ursache für den Suizid. Insofern sind Schuldzuweisungen, Fragen nach »Was wäre, wenn?« und »Warum?« sinnlos.

Suizidmethoden

Die meisten Suizidanten wählen eine Methode zu sterben, die zu ihrer seelischen Befindlichkeit passt. Sie sehnen sich nach einer Befreiung von ihrem inneren und äußeren Druck, der sie in diese Situation gebracht hat. Sie suchen Einheit, Ruhe und Harmonie, die sie auf Erden nicht mehr finden können. In den meisten Fällen wird der Entschluss, sich das Leben zu nehmen, in aller Stille getroffen. Für die Suizidforschung war es lange ein Rätsel, warum manche ins Wasser gehen und andere sich verbrennen. Psychotherapeuten fanden dabei heraus, dass die Todesart verbunden ist mit der seelisch schwächsten Stelle eines Menschen.

Otzelberger schreibt dazu: »Wenn ein Mensch sein Leben oder doch eine unerträgliche Zeit lang in der Seele gefroren hat, weil er sich allein gelassen fühlte, ohne Liebe zu bekommen, da wo er sie gesucht hat, so kann das eine große Feuer der Seele wohl versprechen, alle Kälte, allen Frost der Jahre auf einmal zu verbrennen. Und wer sich umgekehrt sein Leben oder doch eine zu lange Zeit an unlösbaren Problemen aufgerieben hat, so dass jede Berührung mit anderen die Hitze noch erhöht, dem mag das kalte Wasser wohl versprechen, Seele und Leib wirklich zu kühlen.

Ein 23-jähriger junger Mann, der sich mit Benzin übergoss und so seinem Leben ein Ende bereitete, scheint diese These durch seinen Abschiedsbrief zu bestätigen: »Die Welt ist kalt, eiskalt. Ich glaube, das Feuer ist mein Freund. Ich möchte wissen, was es empfindet, wenn es etwas verbrennt und andere wärmt. Es muss wohl Liebe sein.«[41]

Der Wunsch nach innerem Frieden und Einheit ist in seinem Kern ein spiritueller Wunsch, wobei ein Suizid natürlich ein untaugliches Mittel ist. Sich betäuben, ersticken, zerschmettern oder sich selbst verbrennen zerstört zwar den Körper, vertieft jedoch ein schon vorhandenes Trauma. Der Seele wird es nach dem Tod nicht erspart bleiben, ihre Probleme aufzuarbeiten. Die eigentliche Erlösung ist nur durch Selbstliebe möglich. Dazu gehört auch die Wertschätzung des materiellen Körpers und des Lebens.

Aufgrund der vorliegenden Suizidstatistiken ist die Aussage zu treffen, dass Männer harte Methoden wie Erschießen, Erhängen, Schienentod etc. bevorzugen, während Frauen eher zu Gift und Medikamenten greifen oder sich die Schlagadern öffnen.

Die Art eines Suizids verrät auch etwas über das Motiv. Wenn jemand von seinem Partner verlassen worden ist, wird er eher eine weiche Methode wählen, damit er möglichst überlebt. Eine solche Person will ihren Partner wiederhaben. Wer wirklich sterben will, wählt eine harte Methode. Insofern ist die Suizidrate bei Männern doppelt so hoch wie bei Frauen.

Die Selbsttötung ist häufig mit einer ungeheuren Gewalt verbunden, die Menschen gegen sich selbst richten: »Auf grausame Weise hat sich ein 28-jähriger in Elsenthal am Freitag das Leben genommen. Der bei einem Mineralfaserhersteller beschäftigte Mann stürzte sich an seinem Arbeitsplatz in einen Altpapierzerkleinerer. Zuvor hatte er seiner Ex-Freundin eine SMS geschickt, auf der er den Selbstmord ankündigte. Die von der Frau alarmierten Rettungskräfte konnten nicht mehr helfen. Sie fanden in der Maschine nur noch Leichenteile.«[42]

Männer köpfen sich am Arbeitsplatz mit einer Kreissäge, ein Familienvater springt bei einer Ballonfahrt aus dem Korb, Frauen frieren sich gar in Tiefkühltruhen ein. Andere trinken Pflanzengift und stürzen sich sterbend in einen Brunnen oder junge Mädchen springen von Hochhäusern. Ein anderer sprengt sich selbst in die Luft. Selbst im Kindes- und Jugendalter werden heute überwiegend harte Methoden angewandt. Vier von fünf Jungen zwischen zehn bis vierzehn erhängen sich, bei den Mädchen ist es jede Zweite.

Otzelberger fasst zusammen: »Benzin, Wasser, Elektrizität, Seile, Gürtel, hohe Häuser und Brücken sind überall ausreichend vorhanden. Suizide kann man nicht über die Einschränkung der Methoden verhindern, das wäre ein aussichtsloses Kurieren am Symptom.«[43]

Damit die negativen Wertungen des Suizidtabus verstanden werden können, ist es wichtig, sich mit den religiösen Einbindungen des Themas zu befassen.

7. KAPITEL

Suizid und Religion

In diesem Kapitel erfahren Sie

• von den philosophischen Grundpositionen zum Suizid

• dass die Bibel die Selbsttötung nicht verurteilt

• von der Entstehung des Suizidtabus im frühen Christentum

• von heutigen Umgang der christlichen Kirchen mit der Selbsttötung

Der Suizid in der Bibel

Die Selbsttötung war zu allen Zeiten ein bedeutendes, philosophisches Thema. In der Antike und von den alten Römern wurde er unter bestimmten Bedingungen akzeptiert und geachtet. Erst mit der Entstehung des Christentums änderten sich die Einstellungen dem Suizid gegenüber gravierend.

In der Bibel werden neun direkte Suizide in schlichter Form geschildert. Erstaunlicherweise erfolgt keine moralische Beurteilung. Gott hat den Menschen mit der Macht und den Möglichkeiten der eigenen, freien Entscheidung ausgestattet. Alle Selbsttötungen im Alten Testament weisen gewisse Gemeinsamkeiten auf: Die Personen handeln aus plausiblen und einfühlbaren Gründen. Der Suizid wird aufgrund der äußeren und inneren Situation der Betroffenen verständlich. Die handelnden Personen befinden sich in einem psychischen und physischen Ausnahmezustand, der häufig in Zusammenhang mit kriegerischen Auseinandersetzungen steht. Lebensverneinende Aussagen werden im Alten Testament zugelassen, ohne dass sie negativ kommentiert werden. Todeswünsche oder der Wunsch, nie geboren worden zu sein, werden nirgendwo verurteilt.[44]

In Prediger 4,2–3, heißt es: »Da pries ich die Toten, die schon gestorben waren, mehr als die Lebendigen, die noch das Leben haben. Und besser daran als beide ist, wer noch nicht geboren ist und des Bösen nicht innewird, das unter der Sonne geschieht.«

In Hiob 3,11–13, steht zu lesen: »Warum bin ich nicht gestor-

116

ben bei meiner Geburt? Warum bin ich nicht umgekommen, als ich aus dem Mutterleib kam? Dann läge ich da und wäre still, dann schliefe ich und hätte Ruhe.«

Im Neuen Testament wird lediglich von der Selbsttötung des Judas Ischarioth berichtet, der als Verräter Christi in die Geschichte eingegangen ist. Judas galt jahrhundertelang als Inkarnation des Bösen schlechthin. Dennoch findet sich im biblischen Text keinerlei Verurteilung von Judas' Suizid. Auch hier wird relativ neutral und nicht wertend davon berichtet.

Die Entstehung des Suizidtabus

Die frühen Christen standen dem Tod ebenso gleichgültig gegenüber wie die Römer, mit dem Unterschied jedoch, dass bei ihnen das Leben unter allen Bedingungen als unerträglich und unerlöst galt. Der Tod wurde geradezu freudig erwartet, da sie an die unmittelbare Wiederkunft Christi glaubten. Hinzu kamen die Christenverfolgungen durch die römischen Statthalter.

Die christliche Lehre bot zunächst einen großen Anreiz zur Selbsttötung, da sie den Nachruhm als Märtyrer anbot. Das Martyrium schenkte die Gewissheit der Erlösung und die Gewähr, direkt ins Paradies einzugehen.

Die Selbstaufopferung der Frühchristen wurde bald zu einem irritierenden Problem für die Römer. Der Märtyrertod breitete sich wie eine Epidemie aus. Tausende stürzten sich bei religiösen Anlässen von Felsen und Abhängen in die Tiefe. Immer wieder loderten Scheiterhaufen, die von den Opfern selbst entfacht wurden. Die blutrünstige Selbstaufopferung entartete zu einer Form des kollektiven Massensuizids.

Augustinus und die Folgen

Der Kirchenvater Augustinus (354–430) führte die entschei-
dende Wende der Kirche in der Betrachtung des Suizids herbei.
Er äußerte Bedenken gegenüber der Praxis des Märtyrertums.
Augustinus fragte sich, ob diese Art des Sterbens mit dem Glauben an Christus noch zu vereinbaren ist. Der Kirchenlehrer erkannte das Dilemma der christlichen Lehre: Wenn es erlaubt war,
sich zu töten, um die Sünde zu meiden, dann ist der Suizid für die
Neugetauften eine logische Handlung.
Er leitete das Selbstmordverbot aus dem sechsten Gebot ab, in
dem es heißt: »Du sollst nicht töten!« Folglich übertrat ein
Mensch, der sich selbst den Tod gab, das Gebot und wurde zum
Mörder. Augustinus übernahm dabei die Behauptung Platos,
wonach das Leben ein Geschenk der Götter ist. Unsere Leiden
gelten als gottgewollt und dürfen nicht durch unser Zutun ab-
gekürzt werden. Der Suizid wurde dabei gleichzeitig als Kapi-
talverbrechen gegen den Staat definiert. Er wurde zur verwerf-
lichsten aller Sünden erklärt, da er Reue ausschließt. Die
Verbotsthesen des Augustinus manifestierten das generelle
Selbsttötungsverbot der katholischen Kirche.
Seine Autorität hatte schwer wiegende Folgen: Auf den Konzi-
len von Arles (452) und Orléans (533) wurde der Suizid scharf
verurteilt. In Orléans wurde beschlossen, dem Selbstmörder das
kirchliche Begräbnis zu verweigern. Das Konzil von Braga (562)
verweigerte schließlich *allen* Selbstmördern ohne Rücksicht auf
gesellschaftliche Stellung, Gründe und Methoden die kirchliche
Bestattung. Ein Suizid wurde sogar mit Exkommunikation und
einem diffamierenden Begräbnis bestraft. Der Besitz des Toten
wurde beschlagnahmt, und in einigen Fällen kam es zu einer
nochmaligen Exekution des Leichnams als Sühne für den ver-
übten (Selbst-)Mord.[45]

693 verfügte das Konzil von Toledo, dass auch ein Suizidversuch die Exkommunikation nach sich ziehe. Von nun an stand er im Bann der Todsünde und war mit heftigstem moralischem Abscheu belegt. Die Kirche hatte mit der Macht über das Leben der Gläubigen ihre Herrschaft ins Absolute gesteigert.

Die Ächtung des Suizids im Mittelalter

Im Mittelalter hatte kein Mensch das Recht, sich selbst zu töten. Auf dem Konzil zu Nîmes (1184) wurde die kirchliche Ächtung der Selbsttötung zu einem Bestandteil des Kanonischen Rechts. Als einzige Ausnahme galt der Tatbestand der Geisteskrankheit. Nur dann galt der Suizid nicht als Todsünde, und der Betroffene konnte kirchlich beerdigt werden.

Der heilige Thomas von Aquin (1225–1274) fixierte den endgültigen Standpunkt der katholischen Kirche, der für Jahrhunderte zur Tabuisierung der Selbsttötung beitrug. Thomas lehnt den Suizid grundsätzlich ab und stützt sich dabei auf Aristoteles und Augustinus.

Seine Argumente können als Zusammenfassung der klassischen Neins schlechthin gelten, die in variierter Form bis in unser Jahrhundert hinein verwandt werden.

Thomas interpretiert das sechste Gebot als allgemeines Tötungsverbot, das auch den Suizid einschließt. Dieser richtet sich gegen die natürliche Neigung zur Selbsterhaltung. Das Leben ist das höchste Gut des Menschen, das unter allen Umständen zu bewahren ist. Der Tod galt fortan als der Sünde Sold. Durch eine Selbsttötung wird ein Unrecht gegen die Gemeinschaft begangen, da die Rechte der Gesellschaft am Individuum dadurch eingeschränkt werden.

Gab es in der Antike und im alten Rom noch eine gewisse Akzeptanz für den Suizid, führte die Verdammung der katholischen Kirche jetzt zu legalisierten und sanktionierten Schandtaten: Der Leichnam eines Selbstmörders wurde geschändet, sein Andenken geschmäht, seine Familie nicht selten verfolgt, das Vermögen konfisziert und das Begräbnis verweigert. Die Selbstmörderleiche wurde außerhalb der Stadtmauern verscharrt, verbrannt oder in ein Fass geschlagen und im Fluss versenkt.

Die kirchliche Praxis maßte sich ein Richteramt über den Suizidanten an, wobei sie durch die Gesetzgebung des Staates unterstützt wurde, der ebenfalls den Suizid scharf verurteilte. Eine Vielzahl von Gesetzesvorschriften in ganz Europa sowie unterschiedlichste grausame Handhabungen und Rituale im Umgang mit Suizidanten dokumentieren über Jahrhunderte eine fast hysterische Angst vor dem Selbstmörder. Primitivste, abergläubische und magische Vorstellungen zeigen sich in diesem dunklen Kapitel der abendländischen Geschichte.

Die Demütigungen von Lebensmüden, Selbstmörderleichen und auch von betroffenen Angehörigen, wie es sie bis ins 20. Jahrhundert hinein gab, sind als eindeutige Verfehlungen und Verstoß gegen die christliche Barmherzigkeit zu werten. Die Tabuisierung und Ächtung des Suizids führte bis heute zu erheblichen Ängsten, Schuldgefühlen und Verurteilungen.

Heutige kirchliche Standpunkte

Der Suizid gehört auch heute noch zu den tabuisierten Themen, mit denen sich die beiden großen christlichen Kirchen in Deutschland schwer tun. Entgegen der weit verbreiteten Meinung heißt es in der Bibel nicht: »Du sollst nicht töten«, sondern: »Du sollst nicht morden«. (Exodus, 20,13, Einheitsübersetzung) Demnach wird in den Zehn Geboten nicht das Töten verboten, sondern das Morden. Die Kirchengeschichte hatte dieses allerdings zum generellen Tötungsverbot umgedeutet.

Im Gesetzbuch des katholischen Kirchenrechts wurde erst 1983 der Kanon gestrichen, wonach die Selbsttötung als verwerflich qualifiziert und demnach scharf verurteilt wurde. Im Katechismus der Katholiken von 1992 wird erstmals der Hoffnung Ausdruck gegeben, dass den Menschen, die sich das Leben nehmen, das ewige Heil zuteil wird, und dass die Kirche für sie betet. Besonders spektakulär war in diesem Zusammenhang der Umgang der Kirche beim Suizid von Hannelore Kohl. Die neuen Richtlinien wurden dadurch einer breiten Öffentlichkeit bekannt. Erstmals ist so etwas wie Verständnis für das innere Ringen eines Leidenden zu spüren.

Die jahrhundertelange Diskriminierung ist trotzdem noch vorhanden. Es gibt immer noch unverbesserliche Theologen, die im Zusammenhang mit der Selbsttötung von Verdammnis, Fegefeuer, Teufel und ewiger Verlorenheit sprechen. Die Anmaßung, über Menschen geistliche Urteile zu fällen, wird auf dem Rücken von Trauernden und ihren Toten ausgetragen. Die Vorurteile über den Suizid *müssen* abgebaut werden, damit eine wirklich helfende und verstehende Seelsorge praktiziert werden kann. Dazu gehört es, Menschen anzunehmen, wie sie sind, und niemals zu werten.

Erst unlängst berichtete mir eine Frau: »Mein 16-jähriger Sohn hat sich im vergangenen Jahr von einer Brücke in den Tod gestürzt. Als ich mit unserem Pfarrer die Beerdigungsformalitäten besprechen wollte, sagte dieser zu mir, er könne den Selbstmord meines Sohnes nicht verstehen. Er habe doch im Religionsunterricht immer davor gewarnt. Aber ich solle Gott loben und danken. Wütend verließ ich das Pfarrbüro.«

Das Beispiel zeigt, dass im Umgang mit dem Suizid eines Menschen seitens der Kirche noch viel geschehen muss. Damit wir unsere eigene Einstellung überprüfen können, werden nun die Erkenntnisse der Sterbeforschung über die Selbsttötung vorgestellt.

8. KAPITEL

Suizid und Sterbeforschung

In diesem Kapitel erfahren Sie

- dass durch einen Suizid kein Problem gelöst wird

- wie sich der Übergang bei einer Selbsttötung vollzieht

- was die Sterbeforschung über den Suizid weiß

- dass es nach einer Selbsttötung keine Strafe gibt

- was der Suizid über den Sinn des Lebens aussagt

Niemand kann sich töten

Wenn wir uns mit den Themen Suizid und Unsterblichkeit beschäftigen wollen, ist zunächst die Aussage zu treffen, dass sich niemand wirklich töten kann. Es gibt keinen Tod, da dieser ein Übergang in eine andere Form des Seins ist. Wie bei der Geburt ein geistiges Wesen in einen Körper gezwängt wird, so bedeutet der Erdentod die Rückkehr in den ursprünglichen Zustand des Seins. Es gibt keine Auslöschung des menschlichen Bewusstseins. Nach unserem Ableben tauchen alle unsere Gedanken, Worte und Taten unseres Lebens vor uns auf. Wir sind mit uns selbst konfrontiert und erleben die Auswirkungen unseres Lebens auf andere. Jetzt erleben wir auch den Schmerz, den wir anderen zugefügt haben.

In der jenseitigen Welt ist alles gleichzeitig gegenwärtig: Vergangenheit, Gegenwart und Zukunft. Zeit und Raum sind aufgehoben. Dadurch erkennen wir, dass all unser Tun auf Erden mit allem anderen Sein verbunden ist. Der einzige Maßstab, wenn wir uns selbst ins Gesicht schauen, ist Liebe oder Mangel an Liebe. Es gibt keinen Richter von außen, sondern wir bewerten selbst unsere Handlungen, wie wir ihre Konsequenzen erkennen. Für jeden von uns ist also von ausschlaggebender Bedeutung, was in unserem Bewusstsein im Augenblick des Todes vor sich geht. Nun offenbaren sich die eigentlichen, oft verborgenen Absichten und wahren Motive, die hinter unseren Handlungen stehen.

Wenn ein Mensch, der sich das Leben nimmt, glaubt, in ein nebulöses Nichts zu flüchten, wo er hofft, für immer bewusstlos zu sein, ist das eine folgenreiche Täuschung. Diese Person wird feststellen, dass sie weiterhin lebt. Die Seele des Menschen ist unzerstörbar. Es zeigt sich nun, dass sterben wollen und tatsächlich gestorben zu sein völlig unterschiedliche Bewusstseinszustände sind. Solange jemand in seinem irdischen Körper lebt oder leidet, besteht für ihn die Möglichkeit, Dinge zu bereinigen und eine Veränderung herbeizuführen. Der Tod hingegen ist unumkehrbar. Der Übergang ist von dem gekennzeichnet, was im Augenblick des Todes gedacht wird.

Wenn ein Mensch glaubt, vor seinen Problemen in den Tod fliehen zu können, ist das also ein gewaltiger Irrtum: Er wird die Erfahrung machen, dass sich seine Probleme nach wie vor unüberwindbar vor ihm auftürmen. Diese Bewusstseinszustände sind nicht zu verwechseln mit ewiger Verdammnis, Schuld und Strafe.

Stephen lebt

Wie das hier Erklärte praktisch zu verstehen ist, möchte ich an einem Beispiel demonstrieren. In dem bemerkenswerten Buch »Stephen lives« von Anne Puryear, das in Deutschland leider nie erschienen ist, diktiert Stephen seiner Mutter aus dem Jenseits. Stephen war erst 13 Jahre alt, als er sich selbst das Leben nahm. Seine Absicht ist es, anderen Jugendlichen mit seinen Mitteilungen zu helfen und von einem Suizid abzuhalten. Aus seinen Abhandlungen lässt sich der Schluss ziehen, dass es im Leben immer bessere Möglichkeiten gibt, als sich das Leben zu nehmen.

Stephen erzählt von den Erfahrungen nach seinem Suizid und betont, dass er lebendiger denn je ist. Er fühlt sich viel freier als in seinem Körper. Der Junge erklärt, was zu seinem frühen

Tod geführt hat und was im Todesaugenblick mit ihm geschah.

Der Suizid eines Kindes ist für die Eltern immer eine traumatische Erfahrung. Die Hinterbliebenen ahnen häufig nicht einmal ansatzweise, warum sich ihre Kinder das Leben genommen haben. Leider sind die Abschiedsbriefe von Jugendlichen oft voll mit Wut und Angriffen, da sie die Briefe im Moment der größten Angst und Hoffnungslosigkeit verfasst haben. Das führt bei zahlreichen Eltern zu lange andauernden Schuldgefühlen. Es gibt aber auch Briefe, die versuchen, die Angehörigen zu trösten.

Stephen erklärt seiner Mutter, dass sie nicht verantwortlich ist für *seine* Wahl, das Leben zu beenden. Er betont ausdrücklich *seine* Wahl, egal ob der Suizid »richtig« oder »falsch« war. Der Junge sagt: »Die Entscheidung, mir das Leben zu nehmen, war falsch. Doch aus dieser ›falschen‹ Entscheidung heraus bekam ich die Möglichkeit, mit dir und anderen zu arbeiten. Und wir haben eine Chance, zusammen anderen zu helfen. Du von deiner Seite und ich von meiner. Wir sind nicht weit voneinander entfernt.«

Stephen fährt fort: »Suizid ist *niemals* die korrekte Entscheidung für einen Jugendlichen. Weder für mich, noch für irgendein anderes Kind auf dieser Welt, auch wenn die Selbsttötung in vielen Fällen verständlich ist. Suizid ist nie die *richtige* Entscheidung.«

Der Tag des Suizids

Der Tag, an dem Stephen starb, war ein Montag. Nur die Wochenenden hielten ihn am Leben, weil er nicht in die Schule musste. Er hasste seinen dicken Körper und fürchtete die Hänseleien. An jenem vorangegangenen Sonntag hielt ihm sein Stiefvater eine Standpauke, da er einen Ladendiebstahl begangen hatte. Der Junge fühlte sich zutiefst gedemütigt. Er fühlte sich verstoßen und im Stich gelassen. Er wollte nicht mehr leben. Stephen wusste nichts vom Tod und seiner wahren Bedeutung. Er ahnte nicht, dass der Tod irreversibel und endgültig ist.

So läuft er in seiner Verzweiflung in den Wald und schreibt Abschiedsbriefe an jeden seiner Angehörigen und Freunde. Der Junge bindet ein Seil um einen dicken Ast und legt die Schlaufe um seinen Hals. Er schreibt und denkt und steigert sich dabei in einen Zustand höchster Erregung. Stephen fühlt sich befreit und gerät in einen intensiven, aber irreführenden Freudentaumel. »Das war die wirkliche Gefahr. Wäre jemand da gewesen und hätte mir beigestanden, ich hätte mich nicht getötet.«

Stephen beginnt sich großartig zu fühlen und steigert sich in den Gedanken hinein, von der anderen Seite her helfen zu wollen. Gleichzeitig fühlt er eine pulsierende Angst in seinem Magen. Sein Mut kämpft mit seiner Angst. Er denkt, dass sein Mut gewinnt, in Wirklichkeit ist es seine Angst. Dann bittet er Gott, ihn zu stoppen, aber ER greift nicht ein. Dann springt er vom Baum – und ist sofort tot!

Für einen Moment fühlt er einen tiefen Schmerz, aber nur kurz. Er hat den Eindruck, als sei er in ein tiefes Wasser gesprungen, doch er stellt fest, dass er im Wasser atmen kann:

»Ich wurde aus meinem Körper gespült und ich fühlte ein Wesen, das ich aber zunächst nicht sah. Dann sah ich meinen Körper am Baum hängen. Erst konnte ich ihn nicht identifizieren, aber als ich näher kam, erkannte ich *mich* und tiefe Panik überfiel mich. Ich war überhaupt nicht erfreut, außerhalb des Körpers zu sein und dachte, dass meine Eltern mich bestrafen

würden. Ich fühlte mich wie ein Kind, das etwas Schlimmes gemacht hat und dabei ertappt wird. Ich erkannte nicht, dass
mich niemand mehr bestrafen kann. Mein Herz schlug laut und
ich hatte den Eindruck, immer noch einen Körper zu haben. Ich
fühlte mich wie immer, außer dass ich den Boden nicht mehr
berührte. Ich schwebte oben in der Luft, ohne zu fallen. Als ich
mich umsah, erkannte ich meinen Großvater.

Ich sah viele Verwandte, die ich nur von Bildern kannte, und ich
sah Menschen, die ich gekannt hatte, auch viele, die ich nicht
kannte, die mir aber vertraut vorkamen. Ich wusste nicht, was
ich denken sollte, und war durcheinander. Ich weinte, doch
irgendwie fühlte ich mich erregt und glücklich. Doch jedes Mal,
wenn ich umarmt und begrüßt wurde und dann meinen Körper
am Baum hängen sah, fühlte ich mich schrecklich. Ich wollte
ihn nicht sehen. Dann setzte wieder Panik ein und ich schlief
ein.«

Die Folgen

Als er erwachte, wusste er nicht, wo er ist, und eine weiß
gekleidete Dame hielt seine Hand. Sie fragte ihn, ob er seine
Mutter sehen möchte. Es war die Situation, in der ihr die To-
desnachricht überbracht wurde.

Stephen bejaht, und er befindet sich in Sekundenbruchteilen im
Wohnzimmer der Eltern. Er will sich bemerkbar machen, doch
keiner der Anwesenden sieht und hört ihn. Nun begreift er, dass
er gestorben ist, und wird mit den Folgen seiner Handlung konfrontiert.

Er fühlt den Schmerz seiner Mutter in seinem Inneren. Noch nie
empfand er einen solchen Schmerz. Stephen will sterben, aber
er kann nun nicht mehr vor sich selbst davonlaufen.

Stephen versucht vergeblich, seine Anwesenheit bemerkbar zu machen. Dabei hört er nicht nur, was gesagt wird, sondern kann sogar die Gedanken der Anwesenden lesen. Dann muss er an seinen Körper denken und möchte ihn sehen. Er befindet sich augenblicklich in der Leichenhalle. Stephen versucht verzweifelt, in seinen toten Körper zurückzukehren. Er möchte eine neue Chance und bereut seine Tat bitterlich. Doch da dieses nicht mehr möglich ist, weint er, bis er bewusstlos wird.

Als er erwacht, findet er sich in einem Raum wieder, der seinem häuslichen Umfeld gleicht. Er ist desorientiert und verwirrt. Eine sanfte Stimme teilt ihm mit, dass er sich nicht mehr in seinem physischen Körper befindet. Er hat Angst und hält die Situation für einen bösen Albtraum. Die weiß gekleidete Dame erklärt ihm nun, dass er sich an einem wunderschönen Platz befindet, wo sich Diesseits und Jenseits noch berühren, eine Art Anpassungsebene. Sein Großvater will ihn sehen und auch andere verstorbene Angehörige sind anwesend, um ihn zu beruhigen. Seine Umgebung erscheint ihm wie auf der Erde. Die Menschen leben in Häusern und herrlichen Landschaften und sehen fast alle jung aus.

Mit Erstaunen entdeckt er, dass er schlank geworden ist. Dennoch wünscht er sich nichts sehnlicher, als auf die Erde zurückzukehren. Er befindet sich in einer Welt der Gedanken und ist in Gedankenschnelle überall dort, wo es ihm beliebt: Stephen denkt an seinen Bruder Bob und schon ist er in dessen Zimmer. Bob bemerkt ihn nicht. Dann will er sein Zimmer sehen und stellt fest, dass jemand seine privaten Sachen aus den Schubladen gezogen hatte. Dann betritt seine Mutter mit geschwollenem Gesicht das Haus. Sie rennt in Stephens Zimmer und lässt sich auf sein Bett fallen. Sie greift eines seiner T-Shirts, hält sich dieses vors Gesicht und weint bitterlich. Stephen umarmt sie und schreit, dass er nicht tot ist, dass er da ist. Er spürt einen tiefen Schmerz und Frustration. Jeder der stirbt, geht durch diesen Schmerz.

»Wenn man noch einen Körper hat und etwas tut, was man nicht hätte tun sollen, mag es eine Weile wehtun, aber es wird besser, weil man es ausgleichen kann. Wenn man sich selber tötet, ist das vorbei. Es ist eine endgültige Tat. Alles was wir auf der Erde geliebt und genossen haben, ist für immer beendet. Egal wie bitter die Tat bereut wird, du kannst sie nicht rückgängig machen.«

Von der geistigen Welt aus verfolgt Stephen die unterschiedlichen Reaktionen seiner Angehörigen, Freunde und Schulkameraden. Er spürt die Angst und den Abscheu vieler Menschen, während sie von seinem Suizid sprechen. Keiner versteht seine Handlung, alle beurteilen, bis auf seine Mutter. Er erkennt, dass keiner sich an ihn erinnert, wie er wirklich war.

Stephens Geschichte erinnert uns daran, dass unser Leben kontinuierlich weitergeht. Wir bleiben die gleichen Menschen, die wir auf Erden waren, nur in einem erweiterten Bewusstseinszustand. Es ist sinnlos, sich das Leben zu nehmen. Wir sollten unser Leben zu schätzen wissen als die Möglichkeit, die uns hier auf Erden gegeben ist, seelisch und geistig zu wachsen. Selbst in den schwierigsten Lebenssituationen haben wir die Möglichkeit, durch den freien Willen bessere Entscheidungen zu treffen als den Suizid.

Wenig im Leben ist wirklich vorbestimmt. Die Geschichte von Stephen gibt uns aber auch die tröstliche Gewissheit, dass Menschen, die sich selbst getötet haben, keineswegs in einer ewigen Hölle schmoren. Sie sind nicht verdammt, wie es die Kirchen über Jahrtausende behaupteten, sondern leben nach ihrem Tod weiter, wie jeder andere von uns.

Was nach dem Tod mit Menschen geschieht, die sich das Leben genommen haben

Auf jeden, der stirbt, wartet unabhängig von der Todesart Hilfe. Bei jedem Menschen, der in die andere Welt hinübergeht, sind Geistwesen anwesend, um beim Übergang behilflich zu sein. Das gilt selbstverständlich auch für eine Selbsttötung.

Menschen, die Suizid begehen, suchen die Befreiung von ihrem Leidensdruck. Sie sehnen sich nach Ganzheit und Harmonie. Nach ihrem Tod ist die erste wichtige Lektion, die gelernt werden muss, die Selbstannahme. Das ist in jedem Fall der einzige Weg, sich von dem Druck zu lösen, der Anlass zu dieser Entscheidung war.

Bei allem Verständnis seitens der geistigen Helfer werden Suizidanten mit ihrer Tat und den Folgen für die Angehörigen direkt konfrontiert. Selbst der 13-jährige Stephen in dem obigen Beispiel muss mit ansehen, wie die Nachricht von seinem Tod der Mutter überbracht wird. Nun spürt er selbst ihren entsetzlichen Schmerz und die Verzweiflung.

Was nach dem Tod eines Menschen, der sich das Leben genommen hat, mit ihm geschieht, ist nicht generell zu beantworten.

Nachtodliche Zustände sind bei jedem Menschen individuell geprägt. Das hängt mit dem Reifegrad der jeweiligen Seele zusammen. Wir wissen nicht, ob noch im letzten Moment die Tat bedauert wurde, aber nicht mehr rückgängig gemacht werden konnte. Aus spiritueller Sicht ist jeder Suizid ein untauglicher Lösungsversuch. In dieser Hinsicht lässt sich kaum von einem Freitod sprechen. Wenn jemand, der sich das Leben genommen hat, anders gekonnt hätte, wäre diese Todesart nicht gewählt worden. Insofern gleicht kein Suizid einem anderen. Die Absichten und Motivationen, die hinter unseren Handlungen stehen, werden meist erst in der Ganzheit eines Lebens offenbar. Insofern wird jedem Suizidanten geholfen, damit die Traumata eines Lebens, die zu der Tat geführt haben, bearbeitet werden können. In den meisten Fällen liegen schwere seelische Krisen zugrunde.

Der Übergang

Der Übergang als solcher ist bei einem Suizidanten nicht anders als bei jedem anderen Menschen. Der Tod und das, was erlebt wird, sind nicht abhängig von der Todesart. Die Seele verlässt den Körper und fühlt sich erwartet. Gewöhnlicherweise wird zunächst noch der Körper wahrgenommen, den man soeben freiwillig verlassen hat. Manche weinen und haben große Angst oder wenden sich einfach ab. Man sieht Schemen um sich und dann materialisieren sich verstorbene Angehörige oder Freunde, die einen Betroffenen vom Ort des Geschehens wegziehen. Viele können nicht glauben, dass sie gestorben sind, weil sie sich so lebendig, bewusst und frei fühlen wie niemals zuvor in ihrem Leben. Der Körper ist von seiner Schwere befreit.

Wer sich selbst das Leben genommen hat, setzt sein ganz individuelles Schicksal fort. Ausschlaggebend für den Übergang sind die Motive der Handlung, die geistige Grundeinstellung und die Stimmung vor dem Schritt. Eine liebevoll eingehende Beschreibung des Übergangs eines Suizidanten ins Jenseits findet sich im zweiten Band des »Myers Report«.

Zuerst heißt es, der Selbstmörder sei meist sehr verzweifelt, wenn er merkt, dass er seinen physischen Körper nicht mehr beherrschen kann. »Er mag nicht immer einsehen, dass er tot ist; doch die Stimmung, die ihn zum Suizid trieb, wird ihn wie eine

Wolke einhüllen, aus der wir auf der anderen Seite des Todes ihn nicht befreien können. Seine erregten Gedanken, seine ganze Seelenhaltung errichten eine Barriere, die nur er durch eigene mutige Anstrengung niederreißen kann, durch tapfere Selbstkontrolle und vor allem durch den aus ganzer Seele ausgesandten Ruf an ein höheres Wesen, Hilfe zu leisten, Erlösung zu gewähren.«

Die introvertierte Selbstbezogenheit der meisten Suizidanten und ihre Neigung zu düsterem Brüten können sich auch nach dem Tod noch erschwerend auswirken, wenn auch nur auf begrenzte Zeit. »Doch richtet sich die postume Laufbahn jedes Selbstmörders nach seinem Charakter und nach dem Leben, das er auf Erden geführt hat.«[46]

Für das weitere Erleben ist der Bewusstseinszustand ausschlaggebend, denn nun stellt man fest, dass man die gleichen Gefühle wie immer empfindet, sogar noch verstärkt. Wenn jemand sich in einem Zustand von Hoffnungslosigkeit und Wut das Leben genommen hat, so erfährt er nun eben dieses Bewusstsein, dem er zu entfliehen glaubte. Nun beginnt die Lebensrückschau, in der man sein Leben mit den Auswirkungen auf andere betrachtet. Aus irdischer Perspektive ist dies ein länger andauernder Prozess. Alle Bilder und alle Menschen des gerade vergangenen Lebens tauchen nun auf.

Wenn durch einen Suizid bei den Angehörigen und Freunden großes Leid ausgelöst wurde, so sind wir nun damit konfrontiert. Alles ist gleichzeitig gegenwärtig, und wir erkennen unser Leben zum ersten Mal in einer Ganzheit. Wir erfahren buchstäblich, dass jeder ein Teil von allem ist. Das Leben geht einfach weiter. Durch einen Suizid sind die Dinge nicht gelöst. Allerdings gibt es keine Hölle und ewige Verdammung, wie es so viele christliche Kirchen predigen.

Die Menschen entwickeln sich auf unterschiedlichen Ebenen

der geistigen Welt weiter. Für jeden ist immer Hilfe da, wenn er es wünscht. Das Leben nach dem Tod ist geistiges Wachstum. Insofern ist das nachtodliche Schicksal für die Einzelnen sehr unterschiedlich. Das soll nun anhand von Nahtoderfahrungen und durch mediale Kontakte mit Verstorbenen näher untersucht werden.

Der Tod ist nicht das Ende, und die Schuld, die intensiven Gefühle und die Verzweiflung durch einen Suizid dauern zunächst an. Erst wenn die Lektion der Selbstakzeptanz gelernt wird, kann ein Suizidant sich weiterentwickeln.

Suizidversuch und Nahtoderfahrung

In der Fachliteratur der Sterbeforschung finden sich zahlreiche Nahtoderfahrungen, die durch einen Suizidversuch zustande gekommen sind. Meistens sind die Erlebnisse dieser Menschen positiv: Ihnen wird die Einzigartigkeit ihres Lebens vermittelt und sie fühlen sich vom Licht geliebt und angenommen. Sie begreifen, dass jedes lebende Individuum einen Platz im Ganzen einnimmt, und kommen mit einer veränderten Lebenseinstellung zurück. Kein Mensch ist überflüssig!

Die bekannten Persönlichkeitsveränderungen stellen sich ein und viele schätzen und achten sich selbst und ihr Leben mehr als vorher. Sie fühlen eine Verantwortlichkeit, die ihnen vorher fremd war. Diese Menschen wissen nun, dass der Tod nicht existiert. Sie sind zurückgekehrt, weil ihnen bewusst geworden ist, dass sie noch eine Aufgabe zu erfüllen haben. Das Selbstwertgefühl steigt enorm und manche halten in ihrem weiteren Leben andere von einem Suizid ab.

Kenneth Ring zitiert einen charakteristischen Bericht nach einem Suizidversuch: »Meine einzige Empfindung war, dass ich von mir selbst beurteilt werde. Als ich am Anfang über alles nachdachte, über die entsetzlichen Dinge und danach über das Angenehme, fühlte ich sofort, mein Leben überblickend, was für Dummheiten ich begangen hatte, und es kamen mir alle Fehlentscheidungen in den Sinn. Ich glaube, bei der Kritik handelte es sich eigentlich um eine Kritik, die aus mir selbst kam.«[47] In diesem Zusammenhang ist es bemerkenswert, dass der Mann sich selbst bewertet. Er hat das Gefühl liebevoller Annahme und stellt zu seinem Erstaunen fest, dass die Selbstkritik aus seinem Inneren kommt und eben nicht von außen. Bei jeder Nahtoderfahrung sind wir unser eigener Richter. Dahinter verbirgt sich ein grundsätzlicher Prozess der Selbsterkenntnis, der immer wieder berichtet wird. Insofern geht es immer darum, sich selbst zu akzeptieren, wie man ist. Das ist immer der erste Schritt zur Heilung und völlig unabhängig von der Todesart.

Die NTE bestätigt in eindrücklicher Weise, dass Suizid keine Lösungsmöglichkeit ist. Wir stehen auch nach einer geglückten Selbsttötung unseren unerledigten Geschäften weiterhin gegenüber. Jeder kann sich erst dann weiterentwickeln – im Leben wie im Tod –, wenn er diese Dinge gelöst hat.

Suizidversuch und Selbstfindung

Suizidversuche sind manchmal Ausdruck eines längeren Selbstfindungsprozesses, in welchem tiefe Depressionen, Trennungen, Enttäuschungen und psychische Krisen das Leben unerträglich werden lassen. So mancher wird gezwungen, Dinge ertragen zu müssen, die er nicht gewollt hat. Ein solches Erleben kann sich über Jahre erstrecken, so dass die Betroffenen das Gefühl haben, zwischen Leben und Tod festzustecken. Sigismund beging in einer solchen Situation einen Suizidversuch: Er nahm 26 Schlaftabletten, löste sie in einem Glas Sekt auf und trank diesen Brei. Darüber hinaus versuchte er, sich mit einem Messer die Pulsadern zu öffnen, sackte dann aber bewusstlos in die Badewanne. Im tiefen Koma erlebte er eine Nahtoderfahrung. Sigismund erfährt die absolute Liebe und Zufriedenheit, ein euphorisches Glücksgefühl, sowie eine Geborgenheit, die er noch nie so in seinem Leben erlebt hatte. Er sieht Landschaften, die mit menschlichen Worten nicht zu beschreiben sind, und hat das Gefühl, von diesem Ort zu stammen. Zum ersten Mal in seinem Leben fühlt er sich angenommen und daheim. Dann macht er die für ihn schmerzliche Erfahrung, dass er dort nicht bleiben darf.

Die Erinnerung an diesen wunderbaren Ort holt ihn in den Folgejahren immer wieder ein. Das macht ihm schwer zu schaffen. Er leidet jahrelang unter schweren Depressionen, bis er seine jetzige Partnerin kennen lernt und sich seine gesamte Lebenssituation verbessert. Heute bejaht er sein Leben: »Ich glaube heute nach all dem sogar, meinen Lebensweg bis zum Ende gehen zu können, egal, was kommt, auch wenn ich das Wertvollste verlieren würde (meine jetzige Partnerin).«[48]

Sigismund hat später dazu beigetragen, dass zwei andere Menschen von einem Suizidversuch Abstand genommen haben. Seinen heutigen Standpunkt zum Suizid fasst er wie folgt zusammen: »Trotzdem bin ich kein Moralapostel geworden, der sagt, dass Suizid eine Todsünde wäre. Jeder Mensch besitzt wahrscheinlich das Recht dazu. Einem potenziellen Selbstmörder würde ich lediglich aus meinen Erfahrungen den guten Rat geben zu beachten, dass nicht er selbst entscheidet, ob der Transit gelingt.«[49]

In diesem Beispiel zeigt sich ein weiteres Mal, dass eine Person durch das Erleben von Todesnähe nicht unmittelbar ein neuer Mensch ist. Die Geschichte von Sigismund reflektiert, dass wir an unseren Schwächen immer wieder hart arbeiten müssen. Der Wunsch, sterben zu wollen, ist dadurch nicht automatisch erloschen. Grundsätzlich wird eine positive Nahtoderfahrung keinen Betroffenen davon abhalten, weitere Suizidversuche zu unternehmen.

Sehr eindrucksvoll ist die Geschichte von Helen. Sie unternahm innerhalb von fünf Jahren 14 Suizidversuche. In zwei Fällen fand sie sich in einer friedlichen und angenehmen Welt wieder. Helen war medikamentenabhängig und alkoholkrank. Daneben musste sie sich mit ihrer Homosexualität abfinden, die sie lange nicht akzeptieren konnte. Dies führte zu einem permanenten Selbsthass. Schließlich nahm sie eine Überdosis Tabletten und hatte ihre erste Nahtoderfahrung.

»Ich erinnere mich noch ganz deutlich daran, wie ich über mir schwebte und auf meinen Körper herunterschaute. Ich war an zahlreiche Maschinen angeschlossen ... Ich fühlte mich sehr friedlich, viel besser als da, wo ich vorher gewesen war. Ich war in Wärme und Licht eingetaucht, und die Ruhe war fast greifbar. Ich spürte, dass die Entscheidung darüber, ob ich in meinen Körper zurückkehren oder dort bleiben wollte, nur von mir abhing. Doch das Gefühl von Frieden war so überwältigend, dass ich wusste, mein Platz war dort oben.«[50]

Helen will also nicht zurückkommen. Dann aber schieben sich ihre verstorbene Tante und ihre Oma in ihr Erleben. Es kommt zu einem panikartigen Gefühl, da Helen sich entscheiden muss, drüben zu bleiben, oder zurückkehren will. Kurz darauf wachte sie nach einer Woche Koma wieder auf. Sie bedauerte sehr, diesen friedlichen Ort verlassen zu haben. Die Erfahrung hielt Helen jedoch nicht davon ab, weitere Suizidversuche zu unternehmen. Ein paar Jahre später erlebte Helen bei einem weiteren Suizidversuch ihre zweite Todesnäheerfahrung. Dieses Mal schluckte sie Pillen und ein Bleichmittel.

»In einem Tunnel bewegte ich mich sehr langsam auf ein helles Licht zu und hatte ein überwältigendes Gefühl von Wärme, Frieden und Helligkeit ... Es ging mir so gut, als sei dies der Ort, wo ich hingehörte, als sei ich zu Hause angekommen.«[51]

Helen fühlt sich mit den Kräften des Universums vereint und als Teil von etwas viel Größerem, was im totalen Gegensatz zu der Verzweiflung und Depression stand, die sie dorthin gebracht hatten. Es liegt wieder an ihr, ob sie bleiben oder zurückkehren will. Helen erkennt nun, dass »... der Selbstmord eine Folge der Verzweiflung an dieser Welt ist und nicht der Sehnsucht nach dem Frieden und der Heiterkeit nach dem Tod«.[52]

Danach versuchte Helen noch einmal, sich das Leben zu nehmen. Schließlich machte sie eine Therapie, um vom Alkohol loszukommen, und studierte sogar. Endlich findet sie zu einer Bejahung ihres Lebens: »Ich habe ein solches Glück gehabt, noch am Leben zu sein, und weiß jetzt, dass ich jeden Tag voll auskosten muss. Ich habe eine zweite Chance in diesem Leben erhalten. Doch ich habe trotzdem keine Angst mehr vor dem Tod. Ich weiß, was mich erwartet und es wird mir gut gehen.«[53]

Das Beispiel von Helen zeigt auf, dass selbst eine Nahtoderfahrung einen Betroffenen nicht unbedingt davon abhält, einen Suizidversuch zu wiederholen. Eine positive Erfahrung kann jemanden durchaus in seinem Wunsch bestärken, sterben zu wollen. Wir sind eben nicht automatisch durch eine Nahtoderfahrung von uns selbst erlöst. Die Forschung hat gezeigt, dass die eigentlichen positiven Auswirkungen einer Nahtoderfahrung sich erst nach einem längeren Selbstfindungsprozess einstellen und das nur dann, wenn der Betroffene bereit ist, Veränderungen in seinem Leben zuzulassen und an sich zu arbeiten.

Der körperliche Überlebenswille

Wenn eine Seele sich entschlossen hat zu sterben – bewusst oder unbewusst – wird sie einen Weg finden. Es ist unser Körper, der sich aufgrund des ihm innewohnenden Lebenswillens gegen einen Suizid aufbäumt. Nicht von ungefähr sind deswegen so viele Suizide außerordentlich gewalttätig, weil die Betroffenen sicher gehen wollen, dass sie in jedem Fall zu Tode kommen.

Bei einem Selbsttötungsversuch, wo die Betroffenen in ihrem Körper wieder zu sich kommen, ist die Zeit, gehen zu können, noch nicht gekommen. Widerwillig müssen sich diese Menschen häufig auch noch einer psychiatrischen Zwangsbehandlung unterziehen.

Viele Menschen, die nach einem Suizidversuch Nahtoderfahrungen gemacht haben, sind nach eigenen Angaben gegen den eigenen Willen in ihren Körper zurückgekehrt. Alle diese Überlebenden haben noch Aufgaben in ihrem Leben zu erfüllen. Sie müssen neue Wege finden, ihre Lebensumstände zu verändern. Wir entscheiden offensichtlich nicht selbst darüber, ob wir sterben oder weiterleben.

Die Berichte von Sigismund und Helen zeigen, dass wir nicht sicher sein können, ob ein Transit gelingt. Das Verhältnis von Suizid und Versuch beträgt eins zu zehn. Das wirft ein Licht auf das oben Gesagte. Unser Körper wehrt sich in vehementer Weise gegen einen zu frühen Tod. Es gibt viele Berichte von Menschen, die trotz tödlicher Dosen einen Suizidversuch überlebten. Andere wachen als körperliches Wrack in einem Pflegeheim wieder auf und haben ihr Leben unter noch härteren Bedingungen weiterzuführen als vorher. Daraus lässt sich der Schluss ziehen, dass ein Suizid nicht gelingt, wenn die betroffene Person noch nicht wirklich sterben will.

Das Beispiel von Helen zeigt in eindeutiger Weise, dass sie selbst darüber entscheiden konnte, ins Leben zurückzukehren oder drüben zu bleiben. Sobald sich Unsicherheit und Zweifel einstellen, kommen die Betroffenen in ihrem Körper wieder zu sich. Ihre Lebensaufgabe ist noch nicht abgeschlossen.

Je mehr ein Mensch zum Tod entschlossen ist, umso härtere und gewaltsamere Methoden wird er auswählen. Aus menschlicher Sicht können wir nicht verstehen, warum ein Jugendlicher durch eine geringfügige Überdosis Schlaftabletten an einem Suizidversuch verstirbt, wohingegen ein anderer dasselbe gleich mehrfach versucht mit erheblich größeren Mengen und immer wieder aufwacht. Es gibt medizinische Wunder, wo der Körper eine Resistenz gegen eine Vergiftung zeigte, die wissenschaftlich nicht erklärbar ist. Es ist zwecklos, gegen diesen tieferen, körperlichen Überlebenswillen anzukämpfen.

Ein Todesnäheerlebnis vermag einen eingeschlagenen selbstzerstörerischen Weg rückgängig zu machen. Manche NTEs wie auch andere Arten spiritueller Durchbrüche haben durchaus die Kraft, ungelöste Konflikte und Irritationen durch eine intensive Lebensrückschau aufzulösen. Die ineinander greifenden destruktiven Strukturen einer Persönlichkeit werden aufgedeckt. Der Betroffene sieht plötzlich Möglichkeiten, eine Umkehr herbeizuführen. Diesen Menschen wird während der NTE das Gefühl vermittelt, dass ihr Leben einen Sinn und Zweck hat.

Marianne war viele Jahre drogensüchtig und beschloss eines Tages, sich durch eine Überdosis das Leben zu nehmen. Sie konnte ihr Leben und sich selbst nicht mehr ertragen. Während ihrer Nahtoderfahrung verließ sie ihren Körper, glitt durch einen dunklen Tunnel und sah das Licht. Eine liebevolle Stimme sagte ihr jedoch, dass sie sich nicht das Leben nehmen könne. Ihre Zeit sei noch nicht gekommen. Sie berichtete mir: »Dann tauchte mein ganzes Leben mit jedem einzelnen Augenblick vor mir auf. Ich sah alles, was ich je gedacht und erlebt hatte. Ich besaß ein totales und klares Wissen von allem, was je gewesen war, und erlebte jedes einzelne Gefühl, die schönen Zeiten, aber auch die vielen traurigen Zeiten meines Lebens. Alles passierte in einem einzigen Augenblick und gleichzeitig spürte ich jeden Schmerz und jedes Leid, das ich anderen durch mein Verhalten zugefügt habe. Ich spürte eine Vergebung für die Dinge, die ich anderen angetan hatte, doch ich schämte mich.

Nun erfuhr ich, warum ich hier auf Erden weilte und dass Liebe das Wichtigste ist. Ich weinte, weil ich nun wusste, wie viel Liebe ich hätte geben können. Die vielen Fehler meines Lebens tauchten vor mir auf, auch all die kleinen Verletzungen, die ich unbewusst durch gedankenloses Schwätzen über andere verursacht hatte. Dann erkannte ich, warum ich mir das Leben nehmen wollte und dazu musste ich all meine Wut, meinen Zorn und Hass, meine Demütigung durch gescheiterte Beziehungen und schließlich meine Drogensucht mit all den Ängsten noch einmal erleben.

Dadurch konnte ich mich endlich selbst annehmen. Ich erkannte, dass ich sehr wohl noch einiges im Leben zu erledigen habe und dass mein Suizid mich nicht von den Konsequenzen meines bisherigen Lebens bewahren würde. Was mich gerettet hat, war die Liebe und das Verständnis, das während meiner NTE um mich war. Ich fühlte mich nicht länger isoliert und einsam und ich wusste, dass dieses Licht immer für mich da ist.«

Menschen mit solchen Todesnäheerlebnissen erkennen endlich die Absichten hinter ihren Handlungen, weil es keine Möglichkeit der Selbsttäuschung mehr gibt. Das führt automatisch zu neuem Lebensmut.

Die meisten heute vorliegenden Nahtoderfahrungen von Menschen, die sich das Leben nehmen wollten, werden als schön und friedlich beschrieben, wie alle anderen Erfahrungen auch. Sie haben das Potenzial, Angehörige zu trösten.

Viele Menschen quälen sich aufgrund der negativen Befangenheit unserer westlichen Gesellschaft mit der Frage herum, ob ihre geliebten Verstorbenen durch einen Suizid in die Hölle kommen. Viele Betroffene denken immer noch, dass eher negative Erfahrungen durch einen Suizid erlebt werden. Dass dem nicht so ist, belegen die heutigen Erkenntnisse der Sterbeforschung. Die Nahtoderfahrungen durch Suizidversuche werden meistens genauso positiv erlebt wie alle anderen auch. Suizid ist nur eine Todesart von vielen.

Negativerfahrungen

Der Anteil von Negativerfahrungen liegt insgesamt bei maximal vier Prozent. Andere Forscher wie Kenneth Ring oder P. M. H. Atwater belegen nur ein Prozent. Bislang konnte weder festgestellt werden, wie hoch der Anteil an negativen Erlebnissen überhaupt ist, noch welche Personen negative Erfahrungen machten.

In der Literatur der Sterbeforschung gibt es einige wenige gut dokumentierte Fälle, die von negativen Erlebnissen nach einem Suizidversuch berichten. Diese Fälle wollen wir nun genauer betrachten.

Stella, eine schwer kranke Frau, wollte sich durch eine tödliche Dosis Schmerzmittel von ihrem Leiden befreien. Sie wurde von ihrer Tochter gerettet. Stella beschreibt einen Ort der Finsternis, in dem sie sich während ihrer außerkörperlichen Erfahrung befand: »Es war sehr düster, fast völlig finster. Die Erkenntnis, dass ich mir etwas Schreckliches angetan hatte, war quälend und ich wollte in meinen Körper zurückkehren. Es fühlte sich an, als wäre ich in der Vorhölle, weder hier noch dort. Ich hörte meine Tochter weinen, aber ich konnte nicht zu ihr zurückkommen. Es schien unmöglich, vorwärts oder rückwärts zu gehen.

Ich betete und flehte Gott an, mich zu meinem Körper zurückgehen zu lassen. Ich sagte Gott, dass ich nicht wusste, was ich tat, als ich die Tabletten genommen hatte. Stellen Sie sich vor, Sie wären in einem leeren, fast schwarzen Raum, weder tot noch lebendig, wüssten aber doch, dass Sie Menschen wehgetan haben. Ich konnte sie klagen hören.«[54]

Diese Frau steckt in einem Zwischenstadium fest und ist in ihrem Übergang stecken geblieben. Stella ist von ihrer Tat entsetzt und will zurückkehren. Es handelt sich um keine typische Nahtoderfahrung: Sie befindet sich gleichzeitig in- und außerhalb ihres Körpers. Der schwarze Raum, in dem sie feststeckt, reflektiert ihren eigenen Bewusstseinszustand innerer Zerrissenheit. Sie will eigentlich nicht sterben.

Eine Seminarteilnehmerin berichtete mir, dass sie sich in der gleichen Lebenssituation wiederfand, der sie zu entfliehen versuchte. Es kam ihr vor, als würde sich der Zustand, in dem sie sich vor ihrem klinischen Tod befunden hatte, ständig wiederholen.

Es gibt zahlreiche Beispiele für die Erfahrung einer Zwischenwelt, einem quälenden Bewusstseinszustand zwischen Leben und Tod. Die Betroffenen suchen Erleichterung von ihren Schmerzen und Problemen. Sie möchten einer unerträglichen Situation entfliehen, aber nicht wirklich sterben! Das aber ist ein grundsätzlicher Irrtum vieler Menschen, die sich selbst das Leben nehmen wollen. Wir sind dieselben Menschen, die wir vorher waren und durch den Tod nicht automatisch erlöst, da wir unsere unerledigten Probleme mit hinübernehmen. Das gilt für alle Menschen, die sterben – unabhängig von den Umständen und der jeweiligen Todesart.

Himmel und Hölle als Bewusstseinszustände

Himmel und Hölle sind keine Orte, sondern Bewusstseinszustände. Jeder wird nach seinem Tod mit sich selbst konfrontiert und muss den Konsequenzen seiner Gedanken, Worte und Taten ins Auge sehen. Das allein kann durchaus eine höllische Erfahrung sein, durch die unerledigten Geschäfte unseres Lebens: die unterdrückte Wut, die Angst, der Hass, der Zorn, die Aggressionen gegen sich selbst und andere. Das allein erschafft die Negativität in unserem Leben.

Jeder sollte wissen, dass es viel einfacher ist, die Dinge schon im Hier und Jetzt zu bereinigen. Das geht ganz einfach über Vergebung und Selbstvergebung. Es ist unsere eigene unterdrückte Negativität, die uns an unsere Grenzen stoßen lässt. Wenn sich dies zu sehr anhäuft, erscheint der Druck unüberwindbar und lässt den Wunsch entstehen, sterben zu wollen.

Erdgebundenheit

Insofern erstaunt es wenig, wenn manche Suizidanten während einer Nahtoderfahrung sich in einem Zustand des Eingesperrtseins befinden. Sie werden mit ihren eigenen negativen Gedanken konfrontiert, was zu einem grauen Bewusstseinszustand führt. Sie stehen der eigenen selbst geschaffenen Hölle gegenüber, die sich nur in ihren eigenen Gedanken abspielt.

Ein junger Mann erzählte mir die folgende Episode: »Ich hatte Schlaftabletten genommen, weil ich sterben wollte. Ich fiel in ein schwarzes Loch. Zwei Tage später kam ich in meinem Körper wieder zu mir, wobei ich halb außerhalb des Körpers war, halb in ihm. Ich konnte mich nicht bewegen, meine Beine gehorchten mir nicht. Ich geriet in Panik, war orientierungslos. War ich tot oder lebte ich noch? Es war ein Ringen um beides. Dann fing mein Herz wie wild an zu schlagen und eine nie gekannte Angst und Panik erfüllte mich, so grauenerregend, wie ich sie nie zuvor erlebt habe. Wie lange das so ging, weiß ich nicht mehr, doch ich versuchte mich mit aller Kraft gegen die lähmende Müdigkeit aufzubäumen und aus dem Bett zu kommen.

Irgendwann fiel ich auf den Boden. Mir wurde schlagartig klar, dass ich nicht sterben wollte. Ich hatte einen großen Fehler begangen.«

Dieser Mann ist mit seiner eigenen Angst vor dem Tod konfrontiert. Die Panik, die ihn angesichts der Situation befällt, ist seine Unentschlossenheit, sterben zu wollen.

Es kann auch vorkommen, dass Personen, die sich suizidiert haben, im Automatismus ihrer eigenen Tat stecken bleiben. Sie können nicht erkennen, dass sie gestorben sind. In der Fachliteratur wird dieser Zustand auch als Erdgebundenheit bezeichnet. Dafür ein prägnantes Beispiel von Dr. George Ritchie, der schon in den vierziger Jahren eine sehr umfangreiche Nahtoderfahrung erlebte: »So schnell wie ein Gedanke reisten wir von Stadt zu Stadt ... In einem Haus folgte ein junger Mann einem älteren von einem Raum in den anderen. ›Es tut mir Leid, Pa!‹, sagte er immer wieder. ›Ich wusste nicht, dass es Mama so treffen würde! Ich habe es nicht besser verstanden.‹ Aber obwohl ich ihn ganz klar hören konnte, war es offensichtlich, dass der Mann, zu dem er sprach, ihn nicht verstand. Der alte Mann trug ein Tablett in einen Raum, in dem eine ältere Frau in einem Bett saß. ›Es tut mir Leid, Pa!‹, sagte der junge Mann wieder. ›Es tut mir Leid, Mama!‹ Ohne Ende, immer wieder, in Ohren, die ihn nicht hören konnten ... Verschiedene Male hielten wir vor ähnlichen Szenen an. Ein Junge verfolgte ein Teenager-

Mädchen durch die Gänge der Schule: ›Es tut mir Leid, Nancy!‹ Eine Frau in mittleren Jahren bat einen grauhaarigen Mann, ihr zu vergeben. ›Was tut ihnen Leid, Jesus?‹, bat ich. ›Warum hören sie nicht auf, mit Menschen zu reden, die sie nicht verstehen können?‹ Von dem Licht neben mir kam der Gedanke: ›Sie sind Selbstmörder, gebunden an die Folgen ihres Handelns!‹«[55]

Die häufigsten Gründe für ein solches Feststecken im Automatismus einer Selbsttötung sind Unwissenheit, Verwirrung und die Angst, in die Hölle zu kommen.

Wenn sich ein junger Mann mit einem Gewehr erschießt, könnte er beispielsweise Folgendes erleben: Sich erheben, die unsichtbare Waffe an den Kopf richten, hinstürzen und sich wieder erheben. Er hat nicht verstanden, dass er gestorben ist. Dann erfolgt ein unruhiges Umherstreifen. Er ruft verzweifelt nach seiner Mutter, dann tobt und wütet er. Er beginnt das Ganze von vorne, bis er erkennen kann, dass der Ausweg in der Einsicht liegt, dieses nicht wiederholen zu wollen. Dann kann er zu der Erkenntnis gelangen, dass er gestorben ist. Nun erst kann Hilfe einsetzen.

Wir sind unsere Gedanken und Wünsche und werden mit diesen nach unserem Tod konfrontiert. Manche wollen Bindungen an Personen oder Orte nicht aufgeben. Auch die Sucht nach Drogen, Alkohol, Zigaretten, Essen oder Sex kann dazu führen, im Übergang stecken zu bleiben, weil diese Seelen versuchen, ihre Gelüste weiter zu befriedigen.

Unerledigte Geschäfte oder Rachsucht tragen ein Übriges dazu bei, warum sich Seelen entschließen, in Erdnähe zu bleiben. Es ist ihre eigene Entscheidung. Dieser Zustand kann aus irdischer Perspektive betrachtet jahrelang andauern, und doch währen diese negativen Bewusstseinszustände nicht ewig. Sie sind abhängig davon, inwieweit eine Seele begreift, dass sie gestorben ist und dass es für sie richtig ist, ins Licht zu gehen. Nach menschlichen Zeitmaßstäben geht jede Seele irgendwann ins Licht. Mit dem eigenen freien Willen kann sie sich dazu jederzeit entscheiden! Helfende Wesenheiten halten sich stets in der Nähe der Verzweifelten und Hoffnungslosen auf. Aber sie müssen um Hilfe gebeten werden.

9. KAPITEL

Suizid und die Angehörigen

In diesem Kapitel erfahren Sie

- von Kontakten mit Verstorbenen nach einem Suizid

- was Medien über das Thema sagen

- vom Verzeihenkönnen der Angehörigen

- dass es keine Strafe gibt

- von den Möglichkeiten zur Suizidverhinderung

Kontakte mit Verstorbenen nach einem Suizid

Zahlreiche Medien, die Kontakte mit Verstorbenen herstellen, berichten in ihren Büchern auch von ihrer Arbeit mit Menschen, die sich das Leben genommen haben. Die Erkenntnisse daraus können für viele betroffene Hinterbliebene überaus hilfreich sein. Die vielleicht wichtigste Aussage in diesem Kontext ist, dass es keine Strafe für einen Suizid gibt und dass auch kein Vorwurf erhoben wird. Schuld und Sühne ist lediglich die menschliche Sichtweise der Dinge. Im Leben nach dem Tod hingegen erfahren wir Hilfe und Verständnis. Nahtoderfahrungen wie auch mediale Kontakte mit Verstorbenen belegen dies in eindeutiger Weise.

Jeder Suizid unterscheidet sich von einem anderen. Die ausschlaggebenden Motive bleiben häufig im Dunkeln, was eine große Qual für die Angehörigen darstellt. Als Hinterbliebene können wir nur versuchen, eine solche Tat zu verstehen und haben nicht das Recht, jemanden, der sich das Leben genommen hat, zu verurteilen.

Wir müssen akzeptieren, dass manche Menschen aufgrund spezifischer Umstände und unlösbarer Probleme ihrem Leben nicht länger gewachsen sind. Auslöser für einen Suizid sind verwirrende Gefühle von Hoffnungslosigkeit, Verzweiflung, Angst, Eifersucht, Leere oder Krankheit. Der Betroffene sieht für sich keine Zukunft mehr, da sein Leben völlig aus dem Gleichgewicht geraten ist; es hat seinen Sinn für ihn verloren.

Die Aussagen von Medien

Das amerikanische Medium John Edward schreibt dazu: »Bei mir haben sich Leute gemeldet, die ihrem eigenen Leben ein Ende gemacht haben, und in manchen Fällen haben sie mir den Eindruck vermittelt, dass sie sich einer Art spiritueller Therapie unterziehen. Auch wenn es ihnen gut geht – sie befinden sich keineswegs in einer Art Vorhölle, wie manche Menschen glauben –, versuchen sie zu begreifen, warum sie so etwas getan haben. Sie nutzen es, um ihre spirituellen Lektionen zu lernen.«[56]

Was hier von dem Medium als spirituelle Therapie bezeichnet wird, ist nichts anderes als die Lektion der Selbstakzeptanz. Erst wenn wir uns so annehmen können, wie wir sind, mit allen Schwächen und Fehlern und auch mit unseren positiven Seiten, kann die Heilung von den Traumata unseres Lebens einsetzen. Letztlich führt dieser Prozess zur Selbstliebe, die immer die Voraussetzung für Liebes- und Beziehungsfähigkeit ist.

George Anderson, das wohl bekannteste amerikanische Medium, betont in seinem Buch »Lessons from the Light« ebenfalls, dass es keine Strafe für einen Suizid gibt. Diesen Menschen wird auf der anderen Seite immer geholfen. Seelen, die sich hier auf Erden in einer Krise befanden, erfahren Mitgefühl und Hilfe, um die Ursachen für ihren Tod zu verstehen. Was verkannt wird sind die Folgen einer suizidalen Handlung, besonders dann, wenn die Betroffenen in ein Nichts entfliehen wollen. Der Suizid ist aber niemals eine Fahrkarte in eine bessere Welt. Jede Lektion, die hier nicht gelernt wurde, muss nachgeholt werden. Man könnte es vielleicht so ausdrücken: Der Suizid führt die Seele in eine Aus-Zeit, wobei die Aufgabe bestehen bleibt.

Eine Frau berichtete mir vom Suizid ihres 16-jährigen Sohnes

Patrick: »Eigentlich weiß ich bis heute nicht, warum er das getan hat. Patrick sprang vor zwei Jahren aus bis heute ungeklärten Gründen vom Dach des Schulhauses. Die ganze Familie war entsetzt und fassungslos. Es hatte überhaupt keine Anzeichen gegeben, noch litt er unter Depressionen. Er hinterließ keine Zeile, die seine Tat erklärt hätte.

Mein ältester Sohn war besonders betroffen, da er eine sehr enge Beziehung zu Patrick hatte. Er konnte einfach nicht begreifen, warum sich sein Bruder das Leben nahm. Er dachte nur noch an Patrick und war dadurch lange Zeit außerstande zu arbeiten. Auch ich habe diesen Schock bis heute nicht überwunden. Ich beschäftigte mich dann viel mit dem Tod und was danach kommt. Das hat mich sehr getröstet. Aber noch heute habe ich Tage, an denen ich einfach weinen muss.

Ich erinnere mich noch an einen Tag, wo ich Schritte auf der Treppe hörte. Erst dachte ich, mein Sohn sei frühzeitig von der Arbeit zurückgekehrt. Ich suchte das ganze Haus ab, aber niemand war da. Dann hatte ich das ausgeprägte Gefühl, dass Patrick noch anwesend ist. Nun wollte ich es genauer wissen und suchte ein Medium auf. Hier erfuhr ich, dass Patrick zunächst gar nicht verstanden hat, dass er gestorben war. Er lebte sein Leben weiter wie bisher, weil er besonders durch den Schmerz des älteren Bruders festgehalten wurde. Erst allmählich ging es ihm besser. Bei einem zweiten Besuch beim Medium sagte man mir, dass er sich nun weiterentwickelt hat und es ihm gut geht. Verstehen kann ich seinen Suizid bis heute nicht.«

Eine Frau, deren Bruder sich erhängt hatte, berichtete mir von einer Begegnung mit ihm im Traum: »Er wirkte niedergeschlagen und traurig und bereute seine Tat. Er befand sich an einem ziemlich tristen Ort, der nebelig war. Freudlos teilte er mir mit, dass er zum ewigen Leben verurteilt sei. Er hatte noch keinen

Frieden gefunden und muss wohl noch sehr hart an sich arbeiten.« Es zeigt sich, dass jeder mit sich selbst konfrontiert ist.

Nachtodkontakte

Die Beispiele zeigen, dass ein Suizid keineswegs immer zu einem Zustand führt, in dem alle Seelenqualen enden. Immer wieder wird berichtet, dass Suizidanten das Leid der Angehörigen unmittelbar zu spüren bekommen. Deswegen versuchen sie durch Nachtodkontakte zu ihren Angehörigen vor allem um Vergebung zu bitten.

»Mein Sohn war vor seinem Suizid sehr depressiv, und doch kam sein Tod für alle überraschend. Als Hinterbliebene machten wir Furchtbares durch und fühlten uns allein gelassen. Die ganze Familie quälte sich mit permanenten Schuldgefühlen.

Eines Nachts erschien mir Horst im Traum. Er sagte: ›Es tut mir Leid, dass ihr alle so leiden müsst. Das wollte ich nicht, ich wollte keinem wehtun. Bitte vergebt mir.‹ Dann war er verschwunden. In den nächsten Tagen betete ich inständig für ihn. Zwei Monate später erschien er mir nochmals im Traum. Dieses Mal kam er, um sich zu verabschieden. Horst strahlte, er hatte seinen Weg ins Licht gefunden.«

Wir können einem Menschen, der sich das Leben genommen hat, dadurch helfen, dass wir für ihn beten. Das Gebet ist ein Lichtstrahl, der den Verstorbenen immer erreichen wird. Es gibt in der geistigen Welt eigentlich keinen dunklen Ort, da dieser nur *in uns selbst* existiert. Wenn ein Verstorbener das Licht braucht und sich danach sehnt, wird er einen Weg finden, und es wird ihm geholfen. Insofern begibt sich niemand nach einem Suizid automatisch an dunkle Orte. Ausschlaggebend dabei ist auch das Leben, das die Betroffenen geführt haben, sowie ihr individueller Bewusstseinszustand vor dem Tod.

»In der Nacht vor seinem Tod lud Hank seine und meine Familie zu sich. Ich war die Einzige, die fehlte. Er erzählte ihnen von seiner unheilbaren Krebserkrankung – keiner hatte davon gewusst. Er erklärte, er wolle sich das Leben nehmen, und am nächsten Tag tat er das auch.

Vier Tage später erschien mir Hank im Traum. Er klopfte an die Tür und als ich öffnete, stand er vor mir. Er wirkte gesund – überhaupt nicht krank. Er sah völlig normal aus, trug ein weißes Hemd, eine Krawatte und schwarze Hosen. Hank machte ein glückliches Gesicht und sagte: ›Es ist o. k. Ich habe das getan, weil ich ohnehin sterben musste und mit diesen Schmerzen nicht mehr weiterleben konnte. Dir und deiner Familie wird es gut gehen. Alles wird gut werden für euch. Macht so weiter wie bisher. Ich liebe euch.‹ Das war das Ende des Traumes und ich wachte auf.«[57]

Es steht uns nicht zu, den Stab zu brechen über Menschen, die sich das Leben genommen haben. Die meisten dieser Menschen sind krank. Liebe, Mitgefühl und Vergebung ist, was sie von uns am meisten brauchen. Das berühmte englische Medium Paul Meek, der in München lebt, schreibt:

»Auf diese Verstorbenen jedoch warten ebenso viele Wesen in der Jenseitigen Welt, die unaufhörlich bereit sind, zu trösten und zu helfen. Der ewige Fortschritt bleibt niemandem verwehrt. Aber auch in diesem Zusammenhang haben wir erneut die Schwierigkeit, uns vorzustellen, wie lange eine solche Seele brauchen wird, bis sie in den Zustand von Erkenntnis und Frieden gelangt, weil unser Verständnis von Zeit in der Geistigen Welt nicht existiert. Jede Seele ist einmalig, ein jeder wird sich unterschiedlich anpassen und entsprechend darauf einstellen.«[58]

Menschen, die durch Suizid verstarben, wähnen sich in der falschen Hoffnung, ausgelöscht zu sein. Dem ist eben nicht so: Ihr seelischer Zustand bleibt auch nach dem Tod bestehen und kann nicht so schnell verändert werden. Die unbewältigten Probleme sind weiter da und bei manchen dauert es eine geraume Weile, bis sie erkennen, dass sie gestorben sind. Deshalb können viele nicht erkennen, dass sie sich nicht mehr in der materiellen Welt befinden. Das erklärt den Glauben, dass Suizidanten zwischen zwei Welten feststecken. Da keine Seele jemals verloren gehen kann, erleben die meisten schon bald einen tief greifenden Heilungsprozess.

Der Lernprozess, der geleistet werden muss, ist abhängig vom Verstehen und Loslassen-Können, von Akzeptanz und Erkenntnis. Nach einiger Zeit bekommen Suizidanten Hilfe von verstorbenen Angehörigen oder Seelen, die mit ihnen eng verbunden sind.

Paul Meek resümiert: »Es wäre unmöglich, hier die zahllosen Fälle wiederzugeben, wo ich während der Sittings immer wieder die gleichen Schilderungen hörte. Töchter, Mütter, Söhne und Ehepartner, die Suizid begangen hatten, meldeten sich und schilderten ihren Weg aus der Dunkelheit, aus der sie mit Hilfe von Angehörigen herausgefunden hatten und nun glücklich waren über die erreichten Fortschritte im Verein mit ihren Lieben in der Geistigen Welt.«[59]

Die Schilderungen wirken wie ein nachträglicher Läuterungsprozess, der den Vorgängen beim Sterben des Menschen ähnlich ist. Wir müssen mit uns selbst ins Reine kommen, in dieser oder der anderen Welt. Der Suizid ist insofern eine Torheit, weil jeder sich selbst ungeschminkt ins Gesicht schauen muss.

Verzeihen können

Ein anderer wesentlicher Faktor, der sich durch zahlreiche Berichte zieht, ist das Problem der Hinterbliebenen, einem Suizidanten verzeihen zu können.

Grundsätzlich sind Angehörige durch einen Suizid schwer getroffen und auf die Hilfe anderer angewiesen. Sie brauchen genau so viel Mitgefühl und Verstehen wie die Verstorbenen. Schuldgefühle und Schuldzuweisungen spielen dabei eine überaus verhängnisvolle Rolle. In diesem Zusammenhang ist darauf zu verweisen, dass ein Verstorbener diesen unsagbaren Schmerz, den er seinen Angehörigen durch seine Handlung angetan hat, sehr wohl spürt. Da ein Suizid für die Angehörigen in den meisten Fällen nicht nachvollziehbar ist und die Frage des Warum die Gedanken häufig über Jahre blockiert, zeigt sich, dass es bei einer Selbsttötung auch immer um unerledigte Geschäfte seitens der Verstorbenen wie auch der Hinterbliebenen geht.

»Mein Ehemann (40) erhängte sich im Oktober 2001 im Esszimmer. Er war sehr unruhig gewesen in der Nacht davor. Er stand sehr früh auf und versteckte sich offensichtlich in der Garage. Am Tag davor hatten wir eine Aussprache. Ich konnte einfach nicht mehr und wollte die Beziehung beenden. Er war zu lange psychisch angeschlagen gewesen und extrem belastet. Ich hatte keine Kraft mehr. Heute habe ich starke Schuldgefühle und möchte am liebsten mein Leben beenden, aber das geht nicht wegen meiner kleinen dreijährigen Tochter. Ich hatte sie am Morgen des Suizids zu Freunden gebracht, weil ich den ganzen Tag ein komisches Gefühl hatte.

Das Schlimmste, was mir mein Mann angetan hat, war, dass er sich direkt im Esszimmer über dem Tisch aufgehängt hat. Und dann hat er sich selbst noch während seiner Tat mit einem

Selbstauslöser fotografiert. Er winkt mir auf dem Foto zu, aber man sieht gleichzeitig seine absolute Verzweiflung. Seine Handlung war für mich völlig überraschend, so dass ich glaube, dass er im Affekt gehandelt hat.

Heute habe ich das ständige Gefühl, dass er noch in der Wohnung ist. Er macht sich durch laute Geräusche bemerkbar, Bilder fallen von der Wand und ich spüre Kälte. Am liebsten würde ich unsere Eigentumswohnung verkaufen und umziehen, aber das geht nicht aufgrund der ungeordneten finanziellen Verhältnisse. Er hat uns unversorgt zurückgelassen, was ich ihm sehr übel nehme. Ich kann ihm nicht verzeihen! Ich habe das Gefühl, dass er sich deswegen bei mir meldet. Er versucht selbst auf meine kleine Tochter Einfluss zu nehmen, die damals erst zwei war. Sie träumt ständig von ihm und redet sehr viel von ihrem Vater.

In einer Fantasiereise im Traum hat er mich neulich bei der Hand genommen und ins Licht gezogen. Ich sah aber nur einen Lichtkegel, der durch eine schwarze Kugel begrenzt war. Wir kamen dort nicht durch. Ich werte das heute so, dass er noch heute feststeckt und unbedingt meine Vergebung braucht. Ich kann ihm seine Tat nicht verzeihen. Meine Gefühle schwanken hin und her. Manchmal wünsche ich ihm die Hölle, dann wiederum bitte ich ihn um Hilfe. Dann zweifele ich, ob ich mir das alles nur einbilde. Ich glaube, dass mein Mann nicht loslassen kann, obwohl ich das Gefühl habe, dass er sich gleichzeitig weiterentwickelt. Ich weiß nicht, warum er mir das angetan hat.«

Hier zeigt sich, dass die Bitte um Vergebung durch die harte Haltung der Ehefrau, die natürlich verständlich ist, abgeschlagen wird. Diffuse Schuldgefühle verursachen ihre eigene Zerrissenheit. Das hat zur Folge, dass der Verstorbene offensichtlich an Frau und Kind gebunden bleibt. Er wird festgehalten und steckt in seiner Weiterentwicklung fest. Deswegen drängt sich der Mann geradezu hartnäckig auf. Gleichzeitig versucht er Trost und Beistand zu spenden. Nur durch Vergebung kann ein Verstorbener seinen grauen Bewusstseinszustand überwinden. Da eine starke Ehekrise dem Suizid vorangegangen war, erstaunen die Schuldgefühle wenig. Ein Zustand von Wut und gleichzeitig Ohnmächtigkeit blockiert das Verzeihen-Können.

Nicht-loslassen-Können

»Meine Tochter war noch nicht ganz zehn Wochen alt, als mein Mann sich in unserem Keller erhängte. Sie war sein ganzer Stolz und noch zwei Tage vor seinem Tag sagte er uns, wie sehr er uns alle liebte. Theo war psychisch am Ende. Er arbeitete als Pflegedienstleiter, kam aber seit geraumer Weile mit sich selbst nicht mehr klar. Heimlich war er zu einem Psychiater gegangen, der ihm Antidepressiva verschrieb. Mir hat er nie etwas davon gesagt, und heute weiß ich, dass er schon lange Zeit psychisch krank war. Seine Mutter, die ebenfalls an Depressionen litt, erhängte sich im Oktober 2001. In ihrem Abschiedsbrief teilte sie ihm mit, dass sie sich wünscht, dass er ihr folgt und die gleiche Methode wählt. Ich hatte eine dumpfe Ahnung und war doch hilflos. Er beging seinen Suizid in einer schweren Depression. Nach seinem Tod hatte ich einen Kontakt mit ihm in einem Traum, wo er mir mitteilte, dass er zurück will und dass ich ihm verzeihen solle. Das kann ich nicht, denn ich fühle mich betrogen: Er hat mir nicht einmal gesagt, dass er psychische Probleme hat. Ich bin voll Wut und Ohnmächtigkeit. Überdies habe ich Ärger ohne Ende, weil er nichts geregelt hat und keinerlei Absicherung vorhanden ist. Meine Tochter ist mein Ein und Alles, aber ich weiß nicht, wie es weitergehen soll, ich kann ihm nicht verzeihen.«

Aus diesem Beispiel wird ersichtlich, dass Familien, in denen sich schon ein Angehöriger das Leben genommen hat, besonders anfällig für Suizide sind. Auch finanzielle Probleme führen zu einem Nicht-loslassen-Können. In sehr vielen Selbsttötungsfällen werden die Angehörigen unversorgt zurückgelassen. So stehen viele vor einem Schuldenberg, der umso schwerer zu bewältigen ist, weil der Verlust des geliebten Menschen noch gar nicht verarbeitet ist. Das ganze vertraute Lebensgefüge wird infrage gestellt.

Wir können unseren seelischen Frieden nur dann finden, wenn wir verzeihen können. Jemandem etwas vorzuwerfen nach dem Motto: »Was wäre, wenn ...« nützt überhaupt nichts mehr angesichts des Todes. Wirkliche Offenheit dem Partner gegenüber ist nicht möglich, wenn eigene psychische Probleme verschwiegen werden. Der Betroffene ist viel zu sehr mit sich selbst beschäftigt und zu sehr bemüht, sich selbst im Gleichgewicht zu halten. Hinzu kommt die schwer wiegende Einsicht, dass manchen Menschen in diesem Leben nicht zu helfen ist. So bringt ein Suizid in der Familie alle Beteiligten immer an ihre Grenzen. Dennoch ist es für den eigenen Seelenfrieden unabdingbar, verzeihen zu können. Vor allem auch sich selbst, wenn das Gefühl vorherrscht, versagt zu haben. Darauf versucht uns die geistige Welt immer wieder hinzuweisen.

Mit diesem Wissen lässt sich sagen, dass keiner sein Leben vorzeitig beenden sollte. Wenn wir uns das Leben nehmen, müssen wir die Probleme, denen wir entgehen wollten, an einem anderen Ort lösen. Das wird so lange dauern, bis wir einen positiven Geisteszustand erreicht haben. Unser Leben ist ein Geschenk, damit wir seelisch und geistig an den Umständen und Situationen in unserem Leben wachsen können. Kein Weg führt daran vorbei, dass Angehörige und Verstorbene sich loslassen müssen. Aber wie tief ein Mensch auch fallen mag: Es gibt immer einen Weg, der nach oben führt. Gott lässt niemanden im Stich und wir können nicht tiefer als in seine Hände fallen. Daraus resultiert, dass es keine ewige Verdammnis gibt. Keine Seele kann jemals verloren gehen.

Möglichkeiten der Suizidverhinderung

Das heutige Wissen darüber, was mit uns geschieht, wenn wir sterben, bietet Möglichkeiten, Suizide zu verhindern. Es müsste nur entsprechend in der psychotherapeutischen Praxis angewendet werden. Nahtodberichte haben sich in den letzten Jahrzehnten schon häufig als nutzbringend und lebensrettend erwiesen. Was in Deutschland noch undenkbar ist, zeigen vorliegende amerikanische Untersuchungen. Durch die Kenntnis der NTE und ihrer Bedeutung konnten Suizidanten von ihrem Vorhaben abgebracht werden.

Der erste Kliniker, der zur Suizidverhinderung Todesnäheerlebnisse in die Psychotherapie einbrachte, war der New Yorker Psychologe John McDonagh.[60] Seine Methode war kaum mehr, als dass er seine Patienten Passagen aus verschiedenen Nahtoderfahrungen lesen ließ und anschließend die Schlussfolgerungen mit den Suizidgefährdeten diskutierte. Der Psychologe stellte fest, dass dies die Suizidgedanken seiner Patienten reduzierte und die Tat sogar in einigen Fällen verhinderte.

Durch das Studium der Lebensrückschau gelangten einige der Teilnehmer von McDonaghs Gruppe zu der Überzeugung, dass sie ihre Probleme im Hier und Jetzt anpacken müssten, selbst wenn es noch so schwierig war. Sie verstanden, dass die Selbsttötung keine Lösung für ihre augenblicklichen Probleme ist. Da es keine Auslöschung des Bewusstseins gibt, erkannten die Patienten, dass sie die Auswirkungen eines Suizides nach ihrem Tod tragen müssen, weil sie damit konfrontiert werden, wie jeder andere auch. Sie *wussten* nun, dass die Auswirkung des Schmerzes, den sie anderen durch ihren Suizid zufügen würden, ihnen selbst auf der anderen Seite nicht erspart bleiben würde. Die eigentliche Erkenntnis lag darin, dass durch die Selbsttötung nur der Körper vernichtet wird, nicht aber das Bewusstsein. Das eigentliche Selbst, die Seele, bleibt davon unberührt.

Bruce Greyson von der University of Virginia hat ebenfalls bedeutende Arbeiten über Suizid und Nahtoderfahrungen verfasst. Kenneth Ring und die Pionierin der Sterbeforschung, Elisabeth Kübler-Ross, weisen in ihren Büchern immer wieder auf die Nutzlosigkeit eines Suizids hin. Elisabeth gestand mir in einem Interview, dass sie trotz ihres desolaten Zustands – sechs Schlaganfälle und eine daraus resultierende Bewegungsunfähigkeit, die sie nunmehr seit neun Jahren in ihrem Körper festhält – niemals Suizid begehen würde.

»Jeder, der sich das Leben nimmt, muss wieder zurückkommen und alles wieder lernen, was er nicht gelernt hat in diesem Leben. Das will ich nicht! Es ist ein universales Gesetz, dass, wenn man ein Leben zerstört, man es wiederholen muss. Man darf nicht absichtlich bei vollem Bewusstsein ein Leben nehmen. Ob das jetzt Ihr Leben ist oder mein Leben oder ein anderes! Es gibt Ausnahmefälle im Krieg, wenn man bedroht wird.«

Raymond Moody baute in seinem zweiten Buch »Nachgedanken über das Leben nach dem Tod« fast ein generelles Selbsttötungsverbot ein. Er ging so weit zu behaupten, dass jeder Mensch, der versucht sich zu töten, eine negative NTE erlebt habe. Diese Aussage ist nicht zutreffend und wurde durch die Sterbeforschung nicht bestätigt. Die Pioniere der Nahtodforschung stellten ihre Ergebnisse viel zu einseitig und undifferenziert dar. Sie hatten moralische Bedenken, dass ihre Befunde falsch interpretiert werden könnten und Massensuizide nach sich ziehen. Es zeigte sich aber in den letzten Jahren eindeutig, dass viele ihrer Annahmen über den Suizid nicht zutreffen.

Die Erkenntnis der Eigenverantwortung

Das eigentliche Problem liegt darin, dass die Masse der Gesellschaft das heutige Wissen über den Tod und was mit uns dabei geschieht bis heute nicht ernst nimmt, geschweige denn in ihr Alltagsleben integriert hat. Dann nämlich würde sich die Gesellschaft so, wie sie ist, aus sich selbst heraus erneuern. Die Erkenntnis der Eigenverantwortung für das eigene Leben und das anderer Menschen würde dazu führen, dass wir nicht weiter über aktive Sterbehilfe nachdenken und Verfallsdaten erwägen. Menschen, die suizidgefährdet sind, könnten wir mit echter Hoffnung beiseite stehen.

Ich selbst bekam auf meine Bücher immer wieder die Bestätigung durch die Leser, dass sie ihnen bei der Bewältigung von Trauer und insbesondere auch bei Suizidgefährdung geholfen haben. Ein älterer Mann schrieb mir nach dem plötzlichen Tod seiner Frau, dass er durch die Lektüre der Bücher begriffen habe, dass er sich nicht selbst töten kann. Er hoffe darauf, mit seiner Frau eines Tages wieder vereint zu sein. Er möchte sich gar nicht erst in die Gefahr begeben, von ihr später getrennt zu sein, nur weil er seinen Tod nicht erwarten konnte. Eine andere Frau sandte mir eine E-Mail, in der sie ausdrückte, wie froh sie sei, auf mein Buch »Die Brücke zum Licht« gestoßen zu sein. »Es hat mir vor Augen geführt, dass alles, was ich an Schrecklichem in meinem Leben erlebt habe, zu meinem eigenen Besten ist. Meine Mutter starb vor einigen Wochen an Krebs, und da ich sie so vermisste, wollte ich nicht mehr leben. Nun habe ich erkannt, dass ich durch die vielen Jahre der Begleitung meiner Mutter anderen in ihren Krisen beistehen kann. Ich werde mich demnächst in einem Hospiz vorstellen.«

Es gibt aber auch gegensätzliche Reaktionen. Ein erst 19-jähriger Junge gestand mir in einem Telefongespräch, dass er nach dem Lesen meines Buches »Das Leben danach« einen Suizidversuch begangen hatte. Er hatte sich von der Lektüre des Abschiedsprotokolls von Christian angesprochen gefühlt. Glücklicherweise überlebte er seinen Suizidversuch.

Dadurch kam ich für mich zu dem Schluss, dass ich als Autor nicht voraussagen kann, welche Passage eines Buches auf wen wie wirkt. Die subjektive Sichtweise eines Lesers und meine Absicht beim Schreiben kann zu völlig unterschiedlichen Schlussfolgerungen führen. Diese kann ich niemals beeinflussen. Die Kraft aber, die uns das Wissen über das Leben nach dem Tod vermittelt, bleibt davon unberührt.

Die Todessehnsucht Hinterbliebener

Zahlreiche trauernde Hinterbliebene erleben nach einem Suizid oder Todesfall Augenblicke, in denen sie am liebsten sterben würden. Caroline erzählte mir in einem Seminar, dass sie sich das Leben nehmen wollte, nachdem ihre zweijährige Tochter Maria an Leukämie gestorben war. Viele Menschen nehmen unüberlegt eine Überdosis Tabletten, damit der Schmerz über den Verlust aufhört.

Eine andere Frau, deren 17-jähriger Sohn durch einen Unfall ums Leben gekommen war, berichtete, dass sich ihre Mutter deswegen das Leben nahm. Sie fiel in einen tiefen Abgrund. Die Heilung in solchen Fällen beginnt dann, wenn man über den eigenen Kummer hinauswachsen kann. Irgendwann kommt der Zeitpunkt, wo die Betroffenen erkennen können, dass es anderen noch schlechter als ihnen selbst geht. Dann geht das Leben weiter.

Suizid ist keine Antwort auf Lebenstragödien. Wenn wir nicht mehr leben wollen, erreichen diese Gedanken die Verstorbenen. Schmerzliche Verluste, die mit Angst, Verzweiflung und Depressionen verbunden sind, gehören zu unserem Leben. Wenn wir solche Krisen durchgestanden haben, erkennen wir oft mit Erstaunen, dass wir über uns selbst hinausgewachsen sind. Angesichts der Orientierungslosigkeit und Hilflosigkeit in solchen Situationen taucht schnell der Gedanke auf, nicht mehr leben zu wollen. Man kann das Leben in solchen Augenblicken buchstäblich nicht mehr ertragen.

Verhinderung von Suiziden durch Verstorbene

Es liegen heute viele Berichte darüber vor, dass Verstorbene versuchen, Hinterbliebene von einem Suizid abzubringen. Ihre Absicht ist es, uns zu trösten und für uns da zu sein. Nicht immer können wir ihre Hilfe auch erkennen, vor allem dann nicht, wenn wir zu sehr in Trauer und Schmerz eingehüllt sind. Vorliegende Berichte vom Eingreifen und Verhindern von Suiziden durch Verstorbene können uns behilflich sein, Suizidgedanken loszuwerden. Wer schon mit seinem Leben abgeschlossen hat, kann neuen Mut und Hoffnung finden. Im Folgenden werde ich derartige Fälle zitieren.

Wir alle machen schmerzhafte Erfahrungen in unserem Leben, die mit Angst, Verzweiflung und Traurigkeit verbunden sind.

Besonders nach einem Suizid in der Familie sind oft negative Gefühle vorhanden. Hilflosigkeit, Ohnmächtigkeit und Resignation führen dann schnell zu dem Gedanken, das Ganze nicht mehr ertragen zu können und sich deswegen das Leben zu nehmen. Die Betroffenen sehen keinen Sinn mehr im Leben und glauben, dass ihre Qual nie zu Ende geht. Wir vergessen angesichts der eigenen schweren Krisen zu leicht, dass auch solche Zeiten vorübergehen.

Verstorbene versuchen durch Nachtodkontakte uns davon zu überzeugen, dass das Leben weitergeht. Sie weisen gleichzeitig darauf hin, dass Suizid keine Lösung ist. Wer jemals einen Kontakt in einer schwierigen Lebenssituation gespürt hat, weiß, dass das Eingreifen Verstorbener selbstzerstörerische Tendenzen beenden kann.

Eine junge Frau berichtete mir: »Nach dem Suizid meines Vaters fühlte ich mich verlassen und allein. Ich verstand nicht, warum er sich das Leben genommen hatte. Ich weiß nur noch, dass ich nichts mehr wünschte, als bei ihm zu sein. Ich war völlig verzweifelt und am Ende und weinte ständig. Das ging über Wochen und mein Zustand verschlimmerte sich.

Als ich eines Tages auf dem Sofa lag und wieder einmal weinte, spürte ich plötzlich eine Gegenwart. Zunächst war ich ein wenig verschreckt, doch dann spürte ich in aller Deutlichkeit, dass mein Vater um mich war. Er strich mir sogar übers Haar und ich fühlte mich getröstet. In meinem Innern teilte er mir mit, dass ich noch Aufgaben zu erfüllen hätte. Er sagte mir, dass es ihm gut gehe, aber ich solle nicht den gleichen Fehler machen wie er. Er bat mich inständig, ihm zu vergeben und dadurch frei zu machen. Ich solle mein Leben selbst in die Hand nehmen. Dieses Erlebnis tröstete mich und nach wenigen Wochen stellte ich fest, dass ich doch weiterleben wollte.«

Mehrere Suizide in einer Familie

In einer Familie, in der sich bereits ein Mitglied das Leben genommen hat, ist die Gefahr besonders groß, dass Angehörige für die Möglichkeit des Suizids offen sind. Hoffnungslosigkeit, Nicht-loslassen-Können und Depressionen führen dazu, dass das Leben keinen Sinn mehr hat. Wir verkennen, dass uns das Leben immer neue Möglichkeiten zur Veränderung bietet. Alles Leid, das wir hinnehmen müssen, hat seinen tieferen Sinn, auch wenn wir das nicht immer erkennen können. Letztlich können wir nur an den Tiefpunkten unseres Lebens wachsen. Viel später erst erkennen wir an solchen Wendepunkten im Leben, dass sich dieses dadurch für immer verändert hat.

In solchen Krisenzeiten können spontane Kontakte mit Verstorbenen sehr hilfreich sein. »Ich war damals 32 und hatte ein großes Tief. Mein Entschluss stand fest – es hatte keinen Sinn mehr, weiterzumachen. Ich war an einem Punkt angelangt, wo ich alles nur noch schnell und einfach beenden wollte. Jeden Abend vor dem Einschlafen lag ich auf dem Bett und heulte wie ein Schlosshund. Eines Abends kam es mir so vor, als spürte ich eine Umarmung. Zunächst ignorierte ich dieses Gefühl, schüttelte die Berührung ab. Doch es kam wieder, drei oder vier Nächte lang. Irgendwann habe ich schon darauf gewartet, ich wollte wissen, ob ich es mir nur einbildete oder nicht.

Eines Nachts, als ich mit geschlossenen Augen im Bett lag, sah ich auf einmal das Gesicht meines Vaters vor mir. Er sah genauso aus wie beim letzten Mal, als ich ihn gesehen habe. Er sagte zu mir: ›Tu das nicht! Dein Leben hat einen höheren Sinn. Du darfst diese Gedanken nicht zu Ende führen. Du bist auf dem falschen Weg, kehr um.‹

Ich hatte keinerlei Erfahrung, wie man mit solchen Dingen umging. Ich stand regelrecht unter Schock! Ich fragte: ›Bist du es?

Bist du es, Dad? Was ist hier los?‹ Dann spürte ich, wie er meine Hand in seine nahm, und hörte ihn sagen: ›Ich bin hier, um dir zu helfen.‹ Wenn ich heute nicht mehr weiterweiß, schließe ich einfach meine Augen und höre auf meinen Vater, der mich mit den Worten aufmuntert: ›Keine Angst, du schaffst es!‹«[61]

Verstorbene versuchen, behutsam auf uns einzuwirken. Wir sind immer mit ihnen in Kontakt durch unsere Gedanken und vor allem die Liebe, die wir für sie hegen. Sie scheinen in der anderen Welt mitunter über uns zu wachen. Das ist ein Grund dafür, dass zahlreiche Angehörige Verstorbene für ihre Schutzengel halten.

Marlene berichtete mir per E-Mail, dass ihre Mutter, die stark alkoholabhängig gewesen war und Suizid begangen hat, ihr erschien, als sie selbst mit dem Leben Schluss machen wollte:

»Ich habe mein Leben lang viel getrunken, was in meiner Familie offensichtlich immer eine Problemlösungsstrategie war. Schon mit 16 bin ich mit meinen Freundinnen ausgegangen und habe Unmengen gesoffen. Ich bin heute 37, und als sich meine Mutter vor zwölf Jahren das Leben nahm, fiel ich in ein riesiges Loch. Meine Mutter hatte ihr Leben lang Depressionen. Neben all den Psychopharmaka, die ihr Arzt ihr verschrieben hatte, war sie alkoholabhängig. Ich kenne sie eigentlich nur betrunken, trotzdem liebte ich sie.

Nach ihrem Tod lernte ich Andreas kennen, der mir half, den Verlust zu überwinden. Wir heirateten und haben einen Sohn, der heute neun Jahre ist. Dennoch trank ich immer wieder, was ich vor meinem Mann verheimlichte. Mein Mann ist oft über längere Zeit nicht zu Hause, da er auf Montage arbeitet. Vor ein paar Monaten kam er völlig unerwartet zurück und fand mich neben unserem Sohn völlig betrunken auf dem Sofa vor. Er hatte schon geahnt, dass ich ein Problem habe, aber dass ich mich vor unserem Kind so gehen lassen würde, hatte er nie erwartet.

Er machte Schluss mit mir und reichte die Scheidung ein. Das Schlimmste war, dass er unseren Jungen zugesprochen bekam. Ich wollte nicht mehr leben und beschloss am nächsten Tag, mir die Pulsadern zu öffnen.

In der Nacht zuvor, als ich mich unruhig im Bett in einer Art Halbschlaf hin und her bewegte, bemerkte ich plötzlich eine Hand, die mich streichelte. Ich war verstört und sah auf. Da stand doch tatsächlich meine Mutter vor mir. Sie sah mich eindringlich an und sagte: ›Marlene, tu es nicht! Ich bitte dich inständig, es hat keinen Sinn!‹ Mehr sagte sie nicht.

Am nächsten Tag rief ich meine Psychologin an und beschwor sie, einen Alkoholentzug machen zu wollen. Danach kamen sogar mein Mann und mein Sohn in mein Leben zurück. Heute bin ich einfach glücklich, und das Leben hat einen Sinn für mich. Sagen Sie, Herr Jakoby, kann es sein, dass meine Mutter mir wirklich erschienen ist?«

Ich antwortete Marlene und schrieb ihr, dass die Erscheinung ihrer Mutter ganz natürlich war. Um aus der Hilflosigkeit oder Resignation herauszukommen, teilen uns Verstorbene mit, dass sie weiterleben und wir so viele Erfahrungen machen sollen, wie möglich. Wenn wir offen sind für unsere intuitiven Eingebungen in Krisenzeiten, können wir die Eingriffe von Verstorbenen bemerken und die Hilfe nutzen, die uns angeboten wird.

Ein junger Mann war von seiner Freundin verlassen worden. Das drückte ihn dermaßen nieder, dass er sich das Leben nehmen wollte. Im Traum begegnete ihm seine Großmutter, die sich selbst umgebracht hatte. Sie beschwor ihn, nicht aufzugeben. »Dein Leben hat einen Sinn. Setze dein Leben nicht wegen einer anderen Person aufs Spiel. Es lohnt sich zu leben, und auch für dich gibt es eine Aufgabe und sicher auch einen anderen Menschen!« Dieses Erlebnis tröstete ihn und veränderte sein Leben schlagartig.

Oft brauchen wir nur einen Anstoß, damit unser Leben weitergeht. Wenn wir uns der eigenen Zukunft verweigern, lassen wir zu, unsere Erfahrungen, die das Leben immer bereithält, zu verpassen. Dadurch grenzen wir uns ein. Auch auf den Verlust einer Liebesbeziehung, der zu großen Leiden führen kann, ist der Suizid keine Antwort. Wenn wir von Kummer und Schmerz beherrscht werden, vergessen wir allzu leicht, was wir anderen bedeuten.

»Ungefähr zwei Monate nach dem Tod meines Vaters lebte ich von meiner Frau getrennt, wir wollten uns scheiden lassen. Damals war ich sehr depressiv und immer stärker selbstmordgefährdet ... Auch mein Vater war tot, also dachte ich, ich könnte mich zu ihm gesellen. Ich wollte mich mit einer Schrotflinte erschießen.

Im Verlauf von drei Monaten hörte ich dann mehrmals mitten in der Nacht die Stimme meines Vaters: ›Toni! Toni!‹ Jedes Mal stach mir der Geruch seines Rasierwassers in die Nase, ich kannte die Sorte genau, sie war quasi sein Markenzeichen. Ich wusste, dass er mit mir Kontakt aufgenommen hatte, aber ich bekam ihn nie zu Gesicht. Jedes Mal, wenn er bei mir war, stellte sich ein Gefühl der Wärme und der Zufriedenheit ein.«[62]

In diesem Beispiel muss Toni gleich einen doppelten Verlust hinnehmen: Seinen Vater, der erst vor drei Monaten an einem Herzanfall gestorben war, also ein plötzlicher, unvorbereiteter Tod, und dann die Trennung von seiner Frau. Viele Menschen gehen durch solche existentiellen Krisen, in denen sich Verlust und Trauer bis zu einem unerträglichen Maß steigern können. Je verzweifelter die Menschen werden, umso drängender wird der Gedanke an eine Selbsttötung. Wir sollten bedenken, dass ein freiwilliger Tod keine Probleme löst, noch den übergroßen Schmerz von uns nimmt.

Besonders nach dem Tod eines Kindes kann der unmittelbare

Schmerz manchmal zu spontanen Suizidabsichten führen. Diese Eltern wollen mit dem verstorbenen Kind wieder vereint sein.

»Meine siebenjährige Tochter erkrankte an Leukämie. Viele Monate wurde sie von einem Krankenhaus ins andere verlegt, bis sie kurz vor ihrem achten Geburtstag starb. Für mich brach eine Welt zusammen. Ich war völlig verzweifelt und schimpfte auf Gott. Ich glaubte nicht an ein Leben nach dem Tod. Ich wollte nicht mehr leben und sammelte die übrig gebliebenen Morphintabletten meiner Tochter und Schlaftabletten, die mein Arzt mir verschrieben hatte. Ich wünsche mir nichts mehr als ein Zeichen von meiner Tochter und suchte die Gewissheit, dass sie weiterlebt.

An einem Abend im Februar letzten Jahres war ich so verzweifelt, dass ich anfing, das ganze Medikamentenarsenal zu zermörsern. Ich wollte zu meiner Tochter! Da sah ich einen dünnen Nebel im Zimmer, aus dem sich die Gestalt meiner Tochter herausbildete. Sie war wieder ganz und heil und jegliche Spuren der Chemotherapie – ihr waren die Haare ausgefallen – waren verschwunden. Sie lächelte und in meinem Kopf hörte ich sie sagen, mir geht es gut, aber bitte lebe dein Leben weiter.

Dieses Erlebnis gab mir neue Zuversicht, und schon am nächsten Tag rief ich eine Gruppe für verwaiste Eltern an. Heute kann ich durch meine Erfahrung anderen helfen und lebe gerne.«

Wie sich auch an diesem Beispiel zeigt, haben spontane Nachtodkontakte auch bei starker Suizidgefährdung eine heilsame Wirkung. All die Menschen, von deren Erlebnissen wir hier gelesen haben, wurden durch Kundgaben von ihren Verstorbenen von ihren Vorhaben abgehalten. Das Leben auf der Erde ist ein Geschenk. Wenn wir bereit sind, die Herausforderung des Lebens anzunehmen, findet sich meistens ein besserer Weg als der Suizid.

Jeder Augenblick im Leben ist wichtig

Zum Abschluss dieses Kapitels möchte ich eine Durchgabe zitieren, die auf den tieferen Sinn unseres Lebens verweist und verdeutlicht, dass wir alle Teil einer größeren Einheit sind.

Joel Rothschild geriet nach dem Suizid seines Freundes Albert selber in eine lebensgefährliche Krise. Alle Verluste, die ihm im Leben widerfuhren, traten plötzlich an die Oberfläche. Aufgrund seiner eigenen Aids-Erkrankung glaubte er, sein Leben nicht länger ertragen zu können. Er fühlte sich absolut alleine gelassen. Da bemerkte Joel ein durchscheinendes Licht über seinem Bett und spürte die Gegenwart seines Freundes, der ihn zu trösten versuchte.

Er hörte Alberts Stimme in seinem Inneren, die ihm Folgendes mitteilte: »Durch meinen Selbstmord wirst du mehr verstehen. Als ich noch am Leben war, dachte ich, das Leben würde sich nur lohnen, wenn die Dinge gut laufen. Wenn ich gesund war, Geld hatte und mit meinem Liebesleben alles in Ordnung war, hatte das Leben einen Sinn. Es lohnte sich, wenn alles so lief, wie ich es mir vorgestellt hatte. Ich weiß jetzt, dass es anders ist.

Joel, du darfst dir nicht das Leben nehmen. Du musst im Leben so weit gehen, wie du kannst. Ich weiß jetzt, dass wirklich jeder Augenblick im Leben wichtig ist und dass diese Augenblicke sich in vielerlei Hinsicht gleichen. In Hinsichten, die dir noch nicht klar sind. Gute und schlechte Tage, Tage, an denen wir gesund oder krank, glücklich, traurig, gelangweilt oder fasziniert sind – sie sind dasselbe. Bei jedem einzelnen Atemzug und bei jedem Augenblick deines Lebens bewirkst du Dinge, die mit etwas sehr viel Größerem verbunden sind. Du bist Teil von etwas sehr viel Größerem. Wir alle sind Teil dieses übergeordneten Sinns. Freundliche Menschen haben genauso einen Sinn wie grausame, einen Sinn, den du jetzt vielleicht noch nicht verstehen kannst. Jeder Mensch ist wichtig, und jeder Augenblick ist wichtig. Auch die schmerzlichen. Wir sind alle eins. Jetzt bist du darauf beschränkt, einen Augenblick nach dem anderen zu leben ... Spirituelles Wachstum beruht immer darauf, dass du in der Vergangenheit an dir gearbeitet hast ... du musst so viele Augenblicke des Lebens leben, wie du ertragen kannst. Für dich – und für jeden anderen – hat jeder Augenblick des Lebens Sinn und Zweck. Auch die Augenblicke, in denen wir leiden und die uns wehtun, haben einen Sinn. Jedes Leid ist mit einem übergeordneten Guten verbunden, das du jetzt vielleicht nicht verstehen kannst ... durch meinen Tod wirst du lernen und wachsen! Du wirst erkennen, dass es mein Weg und mein Schicksal war, mein Leben zu diesem Zeitpunkt zu beenden. Es war die Lektion meines Lebens.«[63]

Die Illusion unseres Sicherheitsdenkens

Diese Mitteilungen Alberts sind grundlegender Natur. Sehr viele Menschen – das gilt insbesondere für Jugendliche – glauben heute, dass unser Leben nur dann lebenswert ist, wenn es uns gut geht und wir Spaß haben können. Diese Vorstellung ist eine Illusion. Wir erleben gerade in unserer Gegenwart, wie viele scheinbare Sicherheiten brüchig geworden sind. Sei es die Perspektivlosigkeit vieler junger Menschen, die eskalierende Wirtschaftskrise, die Unsicherheit der Renten, die Folgen des 11. September 2001 oder der Irakkrieg.

Sicherheitsdenken hat immer mit der Vorstellung zu tun, dass wir unsere Zukunft unter Kontrolle haben und alles so weiterlaufen wird, wie bisher. Es ist ein Festhalten am Gewohnten. Das Leben zeigt uns aber auf vielfältige Weise, dass es gegen die Wechselfälle des Lebens kein Heilmittel gibt: Es wird gestorben, Kinder werden bestialisch ermordet oder missbraucht, der Partner kann durch einen Unfall plötzlich ums Leben kommen oder ein Angehöriger suizidiert sich scheinbar ohne jeden Grund und ohne jede Ankündigung.

Dabei ist jeder Augenblick unseres Lebens einzigartig und kostbar – das betrifft gute wie auch schlechte Tage. Durch alles, was wir in unserem Leben denken, sagen und handeln, bewirken wir etwas. Wir sind als Menschen Teil eines viel größeren geistigen Sinnzusammenhangs, mehr als wir jemals ermessen können. Alles, was geschieht, ist der Ausdruck dieses höheren Sinns, der allerdings über den menschlichen Verstand oft nicht zugänglich ist.

Menschliches Wachstum ist vor allem seelischer Natur, und so lernen wir meistens an den schweren Lektionen des Lebens: durch den Tod eines Angehörigen und durch alle Krisen, die wir zu bewältigen haben. Je mehr wir aus den tiefen Tälern unseres Lebens gestärkt hervorgehen, umso mehr werden wir das Leben zu schätzen wissen! Freude und Leid gehören untrennbar zusammen, da wir sonst keinen Maßstab für das Schöne im Leben mehr hätten. Der eigentliche Trost besteht darin, dass jeder einzelne Augenblick unseres Lebens einen tieferen Sinn hat. Wir haben dann die Wahl, an diesen Umständen zu wachsen oder den Kopf in den Sand zu stecken und aufzugeben.

Es kann der Weg eines Menschen sein, zu einem bestimmten Zeitpunkt Suizid zu begehen, da die Seele sich entschlossen hat, zu gehen. Suizid ist dabei nur eine von vielen möglichen Todesarten, und doch erfolgt durch Albert an seinen Freund Joel der eindringliche Aufruf, so weit zu gehen im Leben, wie irgend möglich. Es ist das geistige und seelische Wachstum eines Menschen, welches er nach seinem Tod mit in die andere

Welt hinübernimmt. Das zeigt sich auch bei der Lebensrückschau, wo es nicht um jeden einzelnen Fehler geht, sondern um
die Grundabsicht, die hinter dem Handeln eines Menschen
steht.

Verständnis für Menschen, die sich das Leben genommen haben

Das ist der Schlüssel zum Verständnis des Suizids: Jemand, der
sich selbst tötet, hat eine bewusste und offene Entscheidung
getroffen, sich von seinem Körper zu befreien. Jene, die an
Krankheit dahinsiechen, oder die einen plötzlichen Unfalltod
erleiden, machen im Grunde dasselbe, nur dass dies weniger
bewusst ist. Manche wissen, dass sie sterben wollen und
hinterlassen Zeichen oder Botschaften.

Selbst wenn Todeswünsche unbewusst sind, finden sich dennoch subtile Hinweise im Bewusstsein. Das äußert sich mitunter in dem starken Drang, Dinge zu verändern oder etwas ganz
anderes zu machen. Auch schlechte Essgewohnheiten oder
Süchte aller Art sind Hinweise. Immer spielen wir selbst bei allem, was uns widerfährt eine aktive Rolle. Die Gesamtumstän-
de eines Lebens werden natürlich erst auf der anderen Seite bewusst, da nun das Leben aus einer größeren Perspektive
betrachtet wird.

Als Mensch bleibt uns nichts anderes übrig, als den Suizid mit
all seinen Folgen zu akzeptieren als eine Möglichkeit für jeden
von uns. Die tröstliche Einsicht aus den Mitteilungen der geistigen Welt und den Nahtoderfahrungen kann uns vielleicht die
Einsicht vermitteln, dass durch unser heutiges Wissen über ein
Fortleben nach dem Tod hinter allem Gott als bedingungslose
Liebe steht. Diese Liebe vermag mehr an Verständnis, Verge-

bung und Gerechtigkeit zu geben, als wir es uns als Menschen vorstellen können.

Was ein Selbstmörder von uns als seinen Mitmenschen braucht, ist keine Verurteilung seiner Person, seines Denkens und Handelns, sondern Verständnis und Liebe. Nur der kann verstehen, der lieben kann!

10. KAPITEL

Jugendsuizid

In diesem Kapitel erfahren Sie

• vom Bedeutungsverlust der Existenz für viele Jugendliche

• von den psychologischen Hintergründen suizidalen Verhaltens

• von den Suizid- und Freitodforen im Internet

• von den Warnungen der Psychologen davor

• wie man eine Suizidgefährdung erkennen kann

Suizid bei Kindern und Jugendlichen

Der Suizid von Kindern und Jugendlichen bis 16 Jahren ist eines der größten Probleme unserer Gesellschaft und kommt immer häufiger vor. Keith Hawton, ein bekannter amerikanischer Soziologe, wies auf das gemeinsame Auftreten von grundlegenden Faktoren in allen westlichen Ländern hin, die zur Ausbreitung des Jugendsuizids geführt haben: Zum einen hat sich die Institution Familie tief greifend verändert. Die Anzahl ihrer Mitglieder ist stark gesunken, und die Trennungen sind beachtlich angestiegen. Immer mehr Kinder kommen in einer Familie mit nur einem Elternteil zur Welt – z. B. wächst in den USA jedes dritte Kind so auf. Alleinerziehende sind eine weltweit ansteigende Größe. Die emotionale Unterstützung von Kindern ist häufig nicht ausreichend gewährleistet. Kinder wachsen dann alleine auf, da der Alleinerziehende arbeiten muss, um die Familie zu ernähren. Schon in frühen Jahren kann diese Notwendigkeit des Broterwerbs bei den Kindern zu Einsamkeit und Isolation führen. Dafür werden Kinder mit materiellen Dingen überhäuft, aber sie erhalten kaum Zuwendung. Das führt bei diesen Kindern zu einem Werteverlust, da sie sich nicht angenommen fühlen.

Der zweite Faktor ist kulturell bedingt und auf der ganzen Welt verbreitet. Das Ausmaß, in dem die Selbsttötung von Jugendlichen als Lösung für ihre Probleme akzeptiert wird, hat mit dem Bedeutungsverlust des Wertes der Existenz schlechthin zu tun. Das Leben wird ohne Bedenken aufs Spiel gesetzt. Das zeigt sich schon bei der Lektüre von Tageszeitungen. Da ist ständig von Tod durch Überdosis von Heroin oder anderen Drogen die Rede. Viele Jugendliche fordern sich gegenseitig zu Geisterfahrten auf der Autobahn heraus. Lebensgefährliches U- und S-Bahn-Surfen gilt als *cool*, verrückte Duelle unter Motorradfahrern, Autobahnrennen mit entwendeten Fahrzeugen u. Ä. sind an der Tagesordnung. Es handelt sich hierbei um eine Herausforderung des Todes und Verachtungshaltung dem Leben gegenüber (man will ja eigentlich nicht sterben), aber die Botschaft ist Selbstzerstörung. Wenn das Leben rapide an Wert verliert, wachsen die Bedeutung und das Interesse an Todespraktiken und -ideen. Dazu dient heute natürlich auch das Internet.

Psychologische Einsichten

Elisabeth Kübler-Ross schrieb schon 1984 in ihrem Buch »Kinder und Tod« ein ganzes Kapitel über die Selbsttötung von jungen Menschen. Trotz der vielen Sorgentelefone und Zentren, die jede Stadt bietet, blieb der Kampf gegen die Suizidneigung bei Kindern und Jugendlichen bis 16 Jahren aussichtslos. Suizid ist und bleibt die zweithäufigste Todesursache in dieser Altersklasse.

Eine Mutter, deren elfjähriger Sohn sich das Leben genommen hat, berichtet von den Ereignissen vor dem Tod ihres Sohnes: »Es war nichts passiert. Er kam mit einem verdrossenen Gesicht nach Hause. Niemand achtete besonders darauf außer meinem Mann, der ihn kurz vor dem Essen zur Rede stellte ... Auf die Frage seines Vaters: ›Was ist mit dir?‹, gestand unser Sohn, dass er zwei schlechte Noten heimgebracht hatte. Mein Mann wurde böse und sagte: ›Das ist dir also egal!‹ Er befahl den anderen Familienmitgliedern, meinen Sohn während des Essens nicht anzuschauen. Mein Sohn rührte das Essen nicht an und ging nach der Mahlzeit in sein Zimmer. Als ich den anderen fünf Kindern gute Nacht sagte, wollte ich ihm eine Lehre erteilen und ging nicht in sein Zimmer. Wissen Sie, er war immer ein braver Junge. Er war ein ganz normales Kind und tat immer, was wir von ihm verlangten. Am nächsten Morgen in der Frühe hörten wir einen Schuss und fanden ihn tot auf. Er war tot, weil er zwei schlechte Noten aus der Schule heimgebracht hatte!«[64]

An diesem Beispiel zeigt sich nicht zuletzt die Gnadenlosigkeit der leistungsorientierten Gesellschaft. Liebe wird mit Bedingungen verknüpft: Wenn du den Schulabschluss schaffst, dann liebe ich dich. Wenn du gute Noten nach Hause bringst, dann...

Es gibt Millionen von Schulkindern auf der Welt, die nach der Schule in eine kalte Wohnung kommen, in ein leeres Haus, und nichts zu essen haben. Niemand beachtet diese Kinder oder redet mit ihnen.

Andere erdulden jahrelang Inzest und Körpermisshandlungen, weil sie sich keinem Erwachsenen mehr anvertrauen mögen: Sie sind von Vätern, Großvätern oder Onkeln mit dem Tod bedroht worden, so dass es wenig verwundert, wenn sie den Tod durch eigene Hand bevorzugen.

Jugendliche erleben die ersten Beziehungen und müssen erste Enttäuschungen in der Liebe verarbeiten. Ihre Unsicherheit wird dabei häufig durch Arroganz, Übermut und Coolness überspielt. Auch in der Clique muss ein Platz erobert werden, da Heranwachsende das Gefühl der Zugehörigkeit zu einer Gruppe als Selbstbestätigung brauchen. Zum Stadium zwischen Kindheit und Erwachsensein gehört die Suche nach ultimativen Grenzen und das Finden und Erkunden der eigenen Identität. Damit ist häufig ein übertriebenes Imponiergehabe verbunden. Erschwerend kann eine gefährliche Eigendynamik der Clique sein: Durch risikoreiches Verhalten bei Trendsportarten, hals-brecherischer Fahrweise im Straßenverkehr oder dem Konsum von Drogen jeder Art kann es zu Zwischenfällen kommen, die tödlich enden. In der Pubertät führt das oft zu einer Überforderung, mit der Folge, dass ein Heranwachsender sein Leben als Leiden betrachtet. Er fängt an, über Auswege nachzudenken, die ein Suizid bieten könnte. Es ist immer wichtig, dass Jugendliche sich jemandem anvertrauen können. Sie brauchen vor allem eins: Zeit und Aufmerksamkeit.

Hintergründe suizidalen Verhaltens

Suizidales Verhalten ist immer Ausdruck einer schweren inneren und äußeren Krise und mit einem enormen Leidensdruck verbunden. Eine solche Krise bedeutet für den Jugendlichen, dass er sich in einer Situation befindet, in der er keine Lösungen zur Bewältigung seiner Schwierigkeiten mehr sieht und sie ihm auch nicht zur Verfügung stehen. Er verliert den Überblick und fühlt sich hoffnungslos ausgeliefert. Fast jeder von uns war schon einmal in einer solchen Situation. Bei Kindern und Jugendlichen sind solche einengenden Situationen besonders fatal, da sie ihnen überhaupt nicht gewachsen sind und noch keine Lebenserfahrung haben. Oft reicht ein kleiner Anstoß oder Anlass, der zum letzten auslösenden Faktor wird.

Wenn Jugendliche Hinweise auf eine suizidale Krise geben, ist es an der Zeit, diese ernst zu nehmen. Wir können die drohende Gefahr an folgenden Merkmalen erkennen:[65]

• Häufige Anspielungen auf das Thema Suizid, etwa auch in Form sarkastischer Witze und Bemerkungen
• Keinerlei Pläne für die Zukunft
• Zunehmende Flucht in Alkohol oder Drogen

- Verlust des Interesses für eben noch wichtige Hobbys und Liebhabereien
- Plötzliche Beruhigung nach einer längeren aggressiven oder depressiven Phase
- Starke Veränderungen in der äußeren Erscheinung und Selbstvernachlässigung
- Resignative Äußerungen und Mangel an Antrieb und Initiative
- Ständige Beschäftigung mit Themen wie Sterben, Friedhöfen oder Beerdigungen
- Starker Rückzug in sich selbst und Vernachlässigung von Kontakten zu Freunden
- Ständige Hektik oder aufgesetztes albernes Verhalten
- Äußerungen, die auf Selbstablehnung oder sogar Selbsthass hindeuten
- Risikoreiches Verhalten im Straßenverkehr, das Spiel mit der Gefahr schlechthin
- Plötzliches Verschenken von geliebten Dingen
- Unerklärliche Verletzungen, die von Selbsttötungsversuchen herrühren können

Die Reihenfolge der beschriebenen Merkmale ist beliebig. Viele Jugendliche sprechen im Vorfeld über ihre Suizidabsichten. Sie zeigen deutliche Verhaltensänderungen. Die oben angeführten Punkte sollen als Anregung gelten, diese Dinge im Auge zu behalten. Wenn Eltern das Gefühl haben, dass ihre Kinder suizidgefährdet sind, sollten sie diese mit einfachen Worten ansprechen. Bedenken Sie bitte dabei, dass es in einem solchen Gespräch nicht um ein Moralisieren mit Vorwürfen gehen kann. Vielmehr sollten Offenheit, Hilfsbereitschaft und Verständnis signalisiert werden. Nur liebevolle Gespräche können entlastend wirken.

Zahlreiche Psychologen haben immer wieder betont, dass es

niemals schaden kann, über einen möglichen Suizid mit seinem Kind offen zu sprechen. Die Annahme, wonach das Reden darüber die Gefahr erhöht, ist absolut unzutreffend.

Das heutige Lebenstempo verhindert geradezu, dass Heranwachsende ihre persönlichen Erlebnisse und Eindrücke genügend verarbeiten. Das kann den Suizid bei Jugendlichen fördern, da sie sich zu schnell überfordert fühlen. Der Todesdrang erfasst heute alle sozialen Schichten. Das Alter der Heranwachsenden, die sich umbringen wollen, sinkt dramatisch. Heute gibt es bereits achtjährige (!) Kinder, die nicht mehr leben wollen.

Jugendliche leben heute nicht mehr in einem geschützten sozialen Rahmen. Das Fernsehen wird zum Erziehungsersatz, und dadurch, dass die Eltern oft abwesend sind, bleiben Kinder auf sich alleine gestellt. Insofern haben Heranwachsende jederzeit die Möglichkeit, auch nachts noch alleine herumzustreunen. Hinzu kommt die Gefahr, dass elektronische Medien zum Ersatz für reale, menschliche Kontakte werden.

Der Tod im Internet – Suizid- und Freitodforen

Das weltumspannende Internet bietet seinen Nutzern eine Vielzahl von Foren, in welchen die Surfer zu jedem Thema ihre Meinung veröffentlichen oder auf die Fragen von anderen antworten können. Die meisten dieser Foren behandeln praktische Alltagsthemen von Gesundheit bis Film- oder Musiktipps.

In den so genannten Suizid- oder Freitodforen, von denen es nach vorsichtigen Schätzungen allein in Deutschland über dreißig gibt, geht es generell um die Todessehnsüchte ihrer Besucher. Im weltweiten Netz existieren gar Abertausende solcher Seiten. In den Freitodforen chatten vor allem Jugendliche über ihre persönlichen Probleme. Das vordergründigste Thema dabei ist der Suizid. Viele schildern unumwunden, warum sie nicht mehr leben wollen, und tauschen sich über Suizidmethoden aus. Derartige Foren haben zahlreiche ständige Besucher, die täglich mehrere Beiträge senden. Die zunehmende Anzahl der Suizidforen sind eine Rückzugsmöglichkeit aus einer Welt, in der junge Menschen kein Verständnis mehr für ihre Nöte finden. Das eigentlich Erschreckende dabei ist die Tatsache, dass Jugendliche hier ihren Tod ankündigen und dann tatsächlich Suizid begehen. Statt Hilfe bei Angehörigen in der realen Welt zu suchen, vertrauen sie sich anonym Freunden im Netz an.

Ein Suizidforum ist ein virtueller Raum, was der Spiegel (9/ 2001) als »die Selbstmordsucht im World-Wide-Web« bezeichnete. Nach einer Fernsehsendung zu diesem Thema (»Spiegel-TV«, Ende Februar 2001) klickten Tausende die einschlägigen Internetseiten an. Durch diesen Bericht wurden viele Menschen auf die Existenz der Suizidforen aufmerksam. Der besondere Reiz liegt in der Eigendynamik virtueller Gegenwelten, in die vor allem jüngere Menschen mit Suizidabsichten fliehen: Es ist ein Spiel mit dem Feuer.

Die Stimmung ist gedrückt, und im Austausch werden anonyme Tarnnamen benutzt. Diese sind häufig dem Thema angemessen. Ein Blick in eine einschlägige Website offeriert Bezeichnungen wie *Grabnebelfürst, Black Soul, Selbstmordfux, Fuel to fire* oder *Exiter*, um nur einige Beispiele zu nennen. Jeder hat Zugriff auf die veröffentlichten Texte, wobei die eigentliche Identität der Schreiber verborgen bleibt.

Sogar echte Abschiedsbriefe werden ins Netz gestellt. Zahlreiche Diskussionsteilnehmer schreiben über ihre Einsamkeit und ihre persönlichsten Probleme, wobei Resignation und Sinnlosigkeitsgefühle die Todessehnsucht anstacheln. Es finden sich allgemeine Auseinandersetzungen über Sterben und Tod. Beliebt ist die Frage, was geschieht, wenn wir sterben, und ob es ein Leben nach dem Tod gibt.

Durch die Chatrooms besteht die Möglichkeit, Kontakt miteinander aufzunehmen, um sich zu verabreden oder gar miteinander zu sterben. In vielen Fällen werden eindringliche und kaum zu überhörende Hilferufe ausgesendet. Ein solches Forum bietet den Vorteil, als individuelle Person nicht in Erscheinung treten zu müssen. Dadurch kann man sich leicht verstellen oder sich über die eigenen Abgründe mit anderen austauschen. Der Gesprächspartner und man selbst bleiben anonym.

Ein Kennzeichen des Computerzeitalters ist die Kommunikations- und Sprachlosigkeit zahlreicher Jugendlicher. Sie sind es nicht gewohnt, ihre tiefsten seelischen Belange auszudrücken. Dies wird durch die virtuellen Welten des Internets kompensiert.

Im Alltag fehlen vielen Betroffenen direkte Ansprechpartner. So kann das Internet zur Sucht und Ersatzwelt werden, wobei die eigentliche Realität ausgeblendet wird. Für viele junge Menschen ist das eine Flucht aus der Wirklichkeit.

Hilfe im Netz

Ein Austausch über Todeswünsche kann durchaus auch positive Effekte haben. Wenn man sich diese Seiten näher anschaut, aus denen hier im Folgenden zitiert wird, ist festzustellen, dass es auch freiwillige Helfer gibt, die andere vom Suizid abzuhalten versuchen. Hier ein Beispiel, in dem ein junger Mann seinen Lebensüberdruss geradezu herausschreit: »Ich hatte eine schwere Kindheit mit tyrannischen, bestimmenden Eltern, dauernd werde ich ausgenutzt, verarscht und getreten, wie ein Hund, der am Boden liegt. Nie habe ich die wahre Liebe gefunden. Stattdessen machen sich die Frauen über mich lustig. Pech ist mein ständiger Begleiter in meinem Leben, jeden gottverdammten Tag aufs Neue. Gerechtigkeit, Liebe und Respekt habe ich nie erfahren. Mit 30 bin ich am Boden. Es gibt keinen Grund mehr, dieses trostlose Leben weiterzuführen. Daher sehe ich es als das Beste, wenn ich meinem Leben ein Ende setze!

Die, die mich gern tot sehen wollen, hätten dann ihren Willen. Ich kann nicht mehr und ich will nicht mehr. Es gibt allerdings ein Problem: Ich bin feige! Am besten wäre es, wenn ich mich abends ins Bett lege und nie wieder aufwache!«

Der Schrei nach Liebe und Anerkennung ist erschütternd. Allerdings besteht bei dem jungen Mann ein Bedarf, sein Leben selbst in die Hand zu nehmen. Eine einzige klare Entscheidung im Hier und Jetzt für sein Leben könnte zu erheblichen Veränderungen führen.

Nun der Versuch, dem Betroffenen zu helfen: »Es tut mir Leid, dass dein Leben bisher so mies verlaufen ist, aber bist du dir sicher, dass das ein Grund dafür ist, zu resignieren?« In einer anderen Antwort auf seinen Beitrag hieß es: »Geht es darum, was andere wollen? Es geht ganz eindeutig nicht darum! Wenn andere dich lieber tot sehen wollen … dann verpasse ihnen einen kräftigen Tritt. Zeig ihnen, was in dir steckt. Zwar kenne ich dich nicht persönlich, aber sicher hast du mehr Potenzial, als du denkst. Es gibt so viele Wege, sein Leben zu verändern, es umzukrempeln. Du bist 30 Jahre alt? Was hast du in diesen recht wenigen Jahren erlebt? Komm aus dir raus. Fang an, dich selbst zu mögen. Du bist! Du bist ein Mensch, und schon das macht dich einmalig – denn du bist ein Individuum. Es geht nicht darum, was andere wollen. Und lass dir nicht erzählen, der einzige Weg sei Resignation. Komm aus dir raus. Und wenn jemand über dich lacht, dann lach du ihn aus, wegen seiner geistigen Armut. Du bist diesen Menschen nämlich überlegen.«

Neben solchen sehr ernsthaften Versuchen, einem anderen Menschen neuen Lebensmut zu geben, gibt es gelegentlich auch Tipps, die etwas daneben gehen. So antwortete ein junger Mann auf die Suizidankündigung einer 40-jährigen Frau schlicht und lapidar: »Geh auf eine Technoparty und nimm Ecstasy. Dann wirst du am Leben viel mehr Freude haben als jetzt. Dein Wille zu sterben wird verschwinden. Das garantiere ich dir.«

Warnungen von Psychologen

Viele Psychologen und Beratungsstellen für Suizidprävention warnen vor den Freitodforen. Als besonders problematisch gilt das hier vorherrschende Verständnis des Suizids. Die Selbsttötung wird häufig so dargestellt, als wäre sie eine völlig freie Willensentscheidung. Das sehen Therapeuten grundsätzlich anders. Sie betonen, dass der *Freitod* eigentlich nur in Romanen existiert, nicht aber im wirklichen Leben.

In mehr als 90 Prozent aller Suizidfälle liegt eine ernsthafte psychische Erkrankung vor. Depressionen, Psychosen oder Sucht gelten als Auslöser von Suizidgedanken. In den Foren werden diese medizinischen Aspekte meist ignoriert. Der Psychiatrieprofessor Ulrich Hegerl aus München befürchtet, dass die vor allem jugendlichen Nutzer noch sehr beeinflussbar sind. Sie verfügen weder über eine entsprechende Lebenserfahrung noch sind sie in ihrer Persönlichkeit gefestigt. Insofern sind sie Suizidgedanken gegenüber offen, erst recht, wenn die Selbsttötung als einfach und problemlos dargestellt wird.

Besonders problematisch sind die Aufrufe, sich mit anderen gemeinsam das Leben zu nehmen. Derartige Verabredungen haben mitunter fatale Folgen, vor allem bei Menschen, die nicht wirklich sterben wollen. In einer schweren Krise kommt ein Mensch schnell auf den Gedanken, nicht mehr leben zu wollen. Ein solcher Gedanke ist aber keineswegs gleichzusetzen mit einem wirklichen Todeswunsch.

In dem Forum »Suizid, Selbstmord, Freitod« schrieb ein junger Mann aus eigener Erfahrung die folgenden Zeilen, um vor solchen Verabredungen zu warnen: »Einer schien mir sehr vertrauenswürdig. Ich habe sehr viele Mühen auf mich genommen – vor allem nervliche, denn ein gesundes Misstrauen ist hier natürlich angesagt –, um an den vereinbarten Ort zu kommen. Die Sache war nicht von Erfolg gekrönt. Die andere Person hat sich letztendlich anders entschieden und für mich ist alles zusammengebrochen, weil ich den Ort nicht alleine erreichen konnte. In meiner Hilflosigkeit habe ich den größten Fehler begangen, den man meiner Meinung nach machen kann, wenn man wirklich sterben möchte. Ich habe mich jemandem mitgeteilt, dem ich sehr wichtig war. Den Wunsch zu gehen habe ich immer noch. Allerdings ist es jetzt ungleich schwieriger geworden. Ich rate wegen der Wahrscheinlichkeit, dass man bei Misslingen des gefassten Planes unüberlegt handelt, von einem Gruppensuizid ab. Wenn es darum geht, dass man es nicht alleine kann, sollte man die Sache generell überdenken.«

In diesen Worten offenbart sich die eigentliche Gefahr von Freitodforen: Jeder kann unverblümt seinen eigenen Gemütszustand offen legen. Die Frage bleibt, inwieweit die Tragweite der dargestellten Gedanken wirklich verstanden wird. Auf der einen Seite warnt der junge Mann zu Recht vor Verabredungen zum Gruppensuizid, andererseits kommt er zum irrigen Schluss, es sei falsch, sich anderen mitzuteilen. Im Falle eines massiven Todeswunsches ist es grundsätzlich hilfreich, sich anderen Mitmenschen anzuvertrauen.

Insofern betreiben Suizidforen ein Spiel mit dem Tod. Sie können vor allem für psychisch labile Menschen gefährlich werden. Der Psychiater Patrick Bussfeld sieht dahinter eine Subkultur, in welcher der Suizid verherrlicht wird; es fehlt aber an professioneller Hilfe. Jeder Benutzer kann seine Ideen und Gedanken über Suizidmethoden einbringen. Da die eigentliche Identität gewahrt bleibt, ist nicht einzuschätzen, inwieweit das nicht für manche einfach ein aufregendes Spiel ist oder nur ein Spaß. Dieser Tabubruch reizt andere bis zum tödlichen Ernst.

Es ist zu vermuten, dass überwiegend junge Leute, die in einer Krise stecken oder unter einer psychischen Erkrankung leiden, zu den häufigsten Nutzern der Suizidforen zählen. Experten befürchten vor allem die Gefahr der Nachahmung. Die Anleitung zum Suizid hat Modellcharakter und bringt schließlich »... das Fass zum Überlaufen«, so der Psychologe David Althaus. Es gibt keine rechtliche Handhabung gegen die Betreiber der Suizidforen. Überdies sind die Foren in Deutschland noch juristisches Neuland.[66]

Suizidmethoden

Neben den Verabredungen zum Suizid nimmt die Auseinandersetzung über Suizidmethoden einen großen Raum ein. Hier ein paar Auszüge aus solchen Diskussionen:

Mondjunge schreibt: »Ich will sterben. Keine Schmerzen mehr fühlen und unerträgliche Gedanken denken müssen. Ich hab mir 50 Tabletten Zopiclon gesammelt. Habe aber noch gestern Nacht dieses Forum entdeckt und aus dem Lesen schließen können, dass eine Überdosis Schlaftabletten nicht gerade zum Tod führt. Auch wenn man sich die Pulsadern aufschneidet, führt das nicht zum Tod, sondern nur die Kombination, wenn man sich nämlich dazu in eine volle Badewanne legt. Schneidet man sich dann die Pulsadern auf, so tritt kurzzeitig Bewusstlosigkeit auf. Die Zeit kann den Körper erschlaffen und du ertrinkst dann sozusagen in deiner Badewanne.

Sich vor den Zug werfen find ich zu hässlich. Und von einem hohen Gebäude springen, na ja, das muss echt hoch sein und menschenleer und wo es so was gibt, keine Ahnung. Es kann doch wohl nicht sein, dass das so Probleme macht. Ich empfinde den Suizid als Geschenk, na ja, jetzt brauch ich nur noch die passende Methode. Bitte keine replys mehr, wie kannst du so was nur posten, oder dein Leben ist doch schön. Was schön ist und was nicht, definiere ich nur für mich selbst. Am Selbstmord ist meiner Meinung nach nichts Schlimmes. Ich will endlich einfach meine Ruhe haben.«

Die Entschlossenheit, die *Mondjunge* hier zum Ausdruck bringt, und das klare Abwägen der unterschiedlichen Methoden, stieß auf eine breite Leserresonanz. *In the darkness* erwidert: »Wie wäre es denn mit CO-Gas? Ich meine, einen besseren Tod gibt es gar nicht. Du setzt dich in nen Car, startest es und schläfst glücklich ein. Zudem merkst du nichts, machst keine Sauerei und es gibt keine Schmerzen. Also gibt's ne bessere Wahl?«

Luka gibt zu bedenken: »Und wenn sie dich vorher finden? Ich meine, an CO-Gas stirbst du nicht sofort; das dauert. Und die ganze Zeit läuft der Motor, das hört man vielleicht.«

Mondjunge nimmt diesen Aspekt auf und überlegt skeptisch: »... ja, stimmt. Ich hab mal nen Film gesehen, wie sich einer in die Garage eingeschlossen hat und den Motor laufen ließ. Brauchst halt ne luftdichte Garage und ein Auto. Der Typ wurde allerdings im Film vorher gefunden. Wenn in einer Garage ein Motor läuft, ist das sehr verdächtig ... na ja, ob das klappt?«

Ein anderer Benutzer fragt nach einem geeignetem Gift: »Hi, kann mir einer mal ein paar Gifte sagen, die sofort töten und die ich auch so bekomme, ohne zehn Hinterleute kennen zu müssen? Eventuell verweise auf Medizinseiten oder so ... sagt mir, wie sie wirken oder so. Das Gift der Giftpfeilfrösche kenne ich: Curare, nur ist es nicht so leicht, ranzukommen. Wer hat andere Vorschläge zu Giften?«

Solche Diskussionen über Suizidmethoden belegen nicht nur die Verherrlichung des Suizids, sondern zeigen eine erschreckende Ahnungslosigkeit, was der Tod überhaupt bedeutet. *Mondjunge* scheint zu glauben, dass der Tod mit Auslöschung gleichzusetzen ist, wo kein Bewusstsein mehr vorhanden ist. In anderen Äußerungen wird der Suizid mit einem Film verwechselt. Tödliche Gifte sind nicht für jeden so ohne weiteres zu beziehen. Dass unser Bewusstsein den Tod überlebt, hat sich offensichtlich bei diesen Autoren noch nicht herumgesprochen. Keiner kann sich töten und sich damit selbst entfliehen. Das wird in einem späteren Kapitel dieses Buches noch genauer zu untersuchen sein.

Suizid und Sinn des Lebens

Zahlreiche Nutzer der Freitodforen beschäftigen sich intensiv mit dem Tod und dem Sinn des Lebens. Bei genauerem Lesen der Botschaften zeigt sich, dass ein erschreckender Mangel an konkretem Wissen über den Tod besteht. Darin offenbart sich nicht zuletzt die fehlende Lebenserfahrung. Hier ein paar Beispiele:

Schwarze Krähe schreibt: »Angenommen, man würde seelisch stillstehen. Keine Liebe mehr, kein Hass mehr. Kein täglicher Antrieb, keine Schmerzen. Wäre das nicht ein kleiner Schritt in Richtung Tod, bzw. ist das nicht schon der Tod?«

Das ist natürlich nicht der Tod, sondern das Feststecken zwischen Leben und Tod. Das ist der Zustand der Eingrenzung, wo die Betroffenen nur noch das Gefühl haben, vor sich hin zu vegetieren.

Eeon erwidert: »Nein, es ist leider noch nicht der Tod. Ich stelle mir den Tod zumindest anders vor. Tod ist eine Erlösung für die Menschen, denen es nicht so gut im Leben geht. Dieser *Stillstand* ist aber eine Qual. Man fühlt nichts mehr und es ist auch kein Leben mehr.« – »Im Sinn des Lebens«, so schreibt *Sternchen*, »sah ich immer das Leben selber. Leben und Glücklichsein. Den Tod als etwas Unausweichbares, aber nie als den Sinn oder die Erlösung. Aber in den letzten Tagen scheint sich alles geändert zu haben.«

Unser Leben ist leider nicht so geartet, dass wir immer nur glücklich sein können. Der Sinn unseres Lebens ist es, seelisch und geistig zu wachsen und lieben zu lernen. Der Tod ist keineswegs die willkommene Erlösung der Menschen, denen es in diesem Leben nicht so gut geht. Wenn das ein Grund zu Sterben wäre, müssten sich über drei Viertel der Weltbevölkerung umbringen. Geistiges Wachstum ist in den meisten Fällen verbunden mit Schmerzen, Ängsten, Verlusten, psychischen und existentiellen Krisen. Das erst führt zu der Einsicht, etwas in seinem Leben verändern zu wollen. Wir leben hier auf Erden in der Polarität, in der sich Leiden und Freuden ständig abwechseln.

Keiner von uns würde das Glück zu schätzen wissen, wenn wir nicht auch negative Erfahrungen machen würden. Das macht uns erst zum Menschen. Wer den Kopf in den Sand steckt, sich dem Leben beim geringsten Anlass verweigert und sterben will, wird das Leben in seiner eigentlichen Tiefe und Schönheit niemals erkennen. Wir sind nicht auf der Erde, um nur glücklich zu sein und Spaß zu haben. Das ist eine völlig absurde Vorstellung vom Sinn des Lebens. Leider lebt dieser Irrtum in den Köpfen vieler Heranwachsender. Das hat zum Jugendwahn unserer Gesellschaft geführt.

In der Fernsehzeitschrift »TV Spielfilm« (02/03) wird der Hollywoodstar John Cleese zitiert: »Wir müssen heute 14-Jährige unterhalten, die keine Lebenserfahrung, keine Bildung und keinen Geschmack haben!« Das ist allerdings nicht nur ein Problem von Schauspielern, sondern ein zentrales Problem der allseits um sich greifenden Spaßkultur.

In den Suizidforen finden sich gelegentlich anregende Diskussionen über die Frage nach Gott und ob Suizidenten in die Hölle kommen. Die *kleine traurige* schreibt: »Kannst du dir vorstellen, dass es Selbstmördern egal ist, ob sie nach dem Tod leiden, denn viel schlimmer als das Leid vor dem Tod kann es sowieso nicht mehr sein. Und warum soll man persönlich an Gott glauben? Gibt es ihn überhaupt? Ich glaube nein, denn wenn es einen Gott gäbe, warum würde er dann zulassen, dass Kinder geschändet und gepeinigt und dann von dieser Bestie in einem See ertränkt oder bestialisch erschlagen werden? Warum würde er Kriege zulassen und einfach so tatenlos zusehen, wie die Menschen die Welt, die er erschaffen hat, zerstören? Er lässt es zu, weil es ihn nicht gibt.«

Das sind natürlich die ewigen Fragen nach Gott und seiner vermeintlichen Nichtexistenz, da sein Wirken in der Welt nicht erkannt wird. Es ist ein weit verbreiteter Irrglaube, dass Gott in das Geschehen der Welt und das Treiben der Menschen eingreift. Bis heute haben das nur wenige Menschen verstanden. Wenn Gott in unser Leben eingreifen würde, gäbe es keinen freien Willen und keine Eigenverantwortung. Das Leiden auf dieser Welt ist meistens auf den Menschen selbst zurückzuführen. Es ist aber gleichzeitig eine Herausforderung, um daran zu wachsen.

Auffällig ist das mangelhafte Wissen über die Bedeutung des

Todes. *Marvin* schreibt: »Tod stelle ich mir anders vor, nicht keine Schmerzen, Liebe, Hass mehr, sondern das Ende, das Nichtexistieren des Bewusstseins, das diese Dinge und alle anderen empfinden könnte. Nichts. Keine Erlösung von Problemen, kein Aufatmen, kein Jetzt-seht-ihr-es-endlich. Ich glaub, dass wir im Tod komplett aufhören zu existieren, keine Ruhe, kein Frieden, kein Himmel, keine Hölle, kein Weiterleben oder sonst was. Als Eselsbrücke verwende ich eine kurze Ohnmacht nach einem Unfall. Da war ein Schlag und dann nichts mehr. Bin wieder aufgewacht, aber dieser Eindruck drängt sich mir als Vergleich auf.«

Belial kommt dem Geheimnis des Todes da schon näher, indem er auf die Eigenverantwortung des Menschen eingeht. Das Hier und Jetzt als Tag der Pein oder Freude zeigt auf, dass es auf unseren eigenen Bewusstseinszustand ankommt, durch den wir unser Leben erschaffen: »Es gibt kein himmlisches Paradies und keine Hölle, in der Sünder geröstet werden. Hier und jetzt ist unsere Chance! Nutze diesen Tag, diese Stunde, denn es existiert kein Erlöser! Sage deinem Herzen: ›Ich bin mein eigener Erlöser.‹ Gebiete denjenigen Einhalt, die dich verfolgen. Schleudere diejenigen, die dein Verderben planen, zurück in ihre Verwirrtheit und Niederträchtigkeit. Lasse sie wie ein Blatt im Wirbelwind sein, und wenn sie gefallen sind, erfreue dich an deiner eigenen Errettung!«

Ein anderer Autor resümiert den Standpunkt der Kirchen zum Suizid: »Sowohl die katholische als auch die evangelische Kirche lehnen die Selbsttötung bis heute weiterhin entschieden als Sünde ab. Die katholische Kirche bewertet die Selbsttötung inzwischen jedoch als eine Form von Krankheit, durch die die Schuldfähigkeit des Selbstmörders stark eingeschränkt ist. Ob ein Selbstmörder im kirchlichen Sinne schuldfähig ist, entzieht sich demnach laut Bischofskonferenz jeder irdischen Beurteilung.«

Tyler Durden rundet die Diskussion mit einer zynischen Bemerkung ab: »Ich hab wohl eher den Eindruck, dass sich Gott und Teufel (vorausgesetzt, es gäbe die beiden) ganz gemütlich abends vorm TV zusammensetzen, ne Tüte Chips knabbern und sich die Erde als geiles Horrorvideo reinziehen.« Was hier verstanden wird, ist der Umstand, dass weder Gott noch Teufel in das Treiben der Welt eingreifen. Es ist der Mensch, der sich selbst der größte Feind ist und aus Machtgelüsten, Habgier und Eigennutz heraus bereit ist, immer wieder die größten Grausamkeiten zu begehen.

Ein »Tatort« mit Folgen

Als im November 2002 der Tatortkrimi »1000 Tode« ausgestrahlt wurde, der sich mit dem Thema Suizid unter Jugendlichen und der Verabredung dazu im Internet beschäftigte, kam es bereits im Vorfeld zu kontroversen Diskussionen um diesen Spielfilm. »Darf man so etwas zeigen?«, fragte die Presse in einem riesigen Aufschrei. »Welchen Einfluss üben Berichte oder Schilderungen eines Suizids aus?« Es wurde scheinheilig vor Nachahmern gewarnt. Im Film lockt ein Perverser suizidgefährdete Mädchen zum Bodensee, um aus ihrem Tod Geld zu machen. Die Hauptdarstellerin verabredete sich via Internet mit einem ihr völlig unbekannten Mann zum Sterben.
Durch die Ausstrahlung dieses Krimis wurden Millionen von Menschen auf die Existenz derartiger Foren aufmerksam gemacht. Alle großen Tageszeitungen berichteten in Aufmachern über das Fernsehereignis. Die existierenden Suizidforen verbuchten einen Zulauf wie nie zuvor, so dass viele Todessüchtige aufgeschreckt wurden und sich untereinander vor den herumirrenden »Touristen« gegenseitig warnten. Viele Neugierige

stürzten sich auf die Seiten. Es kam zu heftigen Diskussionen im Netz. Manche brachten ihren Ekel, aber auch ihre Rat- und Hilflosigkeit zum Ausdruck.

So schreibt ein erboster junger Mann unverblümt: »Ich wollte euch allen mal was sagen! Ihr schreibt doch alle nur hier rein, damit ihr ein bisschen Aufmerksamkeit habt. Wessen Schuld wird es wohl sein, wenn ihr einsam seid bzw. wenn ihr Stress mit den Eltern habt oder schlecht in der Schule seid? Strengt euch halt mal ein bisschen an! Ich sag euch mal was: Mein Daddy hat einen Gehirntumor, der zitronengroß ist. Er wird demnächst sterben, und er wäre froh, wenn er noch ganz normal leben könnte so wie früher.

Das Leben ist lebenswert, und man lebt nur einmal. Ich könnte auch den ganzen Tag nur heulen und nach Mitleid flehen, so wie ihr. Aber das brauch ich nicht. Ich freue mich über jeden Tag, den ich habe, und den ich mit meinen Freunden genießen kann, die mir beistehen, wenn es mir mal nicht so gut geht. Denn ich weiß, wie es ist, wenn das Leben auf einmal vorbei sein könnte. Und ihr wollt euch freiwillig das schöne Leben nehmen? Geht raus und sucht euch Freunde. Und verkriecht euch nicht hinter dem Gedanken, der Tod sei die einzige Lösung. So ein dummes Geschwätz! Strengt euch einfach mal an.«

Dass derartige Aussagen nicht allen Lesern behagen, dokumentiert eine gewaltige Resonanz auf die obige Mitteilung. Siggi schreibt: »Mir platzt echt bald der Kragen! Glaubst du wirklich, dass hier alles Schwächlinge sind, die sich nicht anstrengen und darüber hinaus Mitleid wollen? Sperr doch mal deinen Kopf auf; nicht nur in die Richtung, in die du ohnehin schon siehst. Es tut mir Leid, dass dein Vater an einem Gehirntumor erkrankt ist. Aber das bedeutet nicht, dass das Leben aller anderen schön und lebenswert ist ...«

Bedauerlich fanden zahlreiche Surfer, dass in diesem Forum zu

Sammelsuiziden aufgerufen wird oder nach der besten Methode gefragt wird, sich das Leben zu nehmen. Der eigentliche Sinn der Foren besteht für die überwiegende Mehrheit der Nutzer, sich Kummer und Leid von der Seele zu schreiben. In jedem Fall gerieten derartige Foren durch den »Tatort« in das Blickfeld einer breiten Öffentlichkeit.

Jana und Mario

Der düstere Thriller wurde noch am selben Tag von der Wirklichkeit eingeholt: Am Abend der Ausstrahlung wurde die 21-jährige Jana aus Berlin und der 16-jährige Mario aus Baden-Württemberg tot in einem Auto am Teufelsberg im Berliner Grunewald aufgefunden. Die beiden hatten sich über ein Internetforum kennen gelernt und gingen Sonntagvormittag gemeinsam in den Tod. Beide wollten nicht mehr leben. Auf Wunsch von Jana erschoss Mario die junge Studentin und richtete anschließend sich selbst. Die nun folgenden Ausführungen und Zitate stammen aus der »Bild«-Zeitung und der »Berliner Morgenpost« Ende November 2002.

Beide kündigten ihren Tod im Suizidchat vorher an. Der rundliche Junge mit der Brille nannte sich *Suizidator*, die Studentin verbarg sich hinter dem Tarnnamen *Scheintote*.

Mario litt offensichtlich unter schweren Depressionen und war mehrfach wegen Suizidgefahr in die Psychiatrie eingewiesen worden. Nach seinem letzten Aufenthalt schrieb er: »Jetzt haben sie es begriffen, dass ich unheilbar bin.« Zu seiner Mutter sagte Mario vier Wochen vor seinem Suizid: »Ich geh ja sowieso vor dir und werde auf dich runterschauen.«

Jana kündigte ihre Absicht mit folgenden Worten an: »... entweder will ich mich erschießen, dazu fehlt mir die Waffe, oder springen, dazu fehlt mir der Partner oder die richtige Brücke.«

Sie war fest zum Sterben entschlossen und suchte einen Begleiter. Jana war schon längere Zeit sehr unglücklich. Die Studentin hatte Liebeskummer, weil ihr Freund sie verlassen hatte. Das Studium der Gebäudetechnik gefiel ihr nicht, da sie lieber Psychologie studiert hätte. Ihre Noten reichten aber nicht dafür aus.

Jana stritt sich ständig mit ihrer Mutter, wie diese in einem Interview zugab. Als Jana zwei Monate alt war, stürzte sich ihr Vater vom Dach eines Hauses. Ihre Mutter hatte mit ihr nie darüber gesprochen, bis sie es von einem Nachbarn erfuhr. Als sie schließlich im Netz auf Mario stieß, verabredeten sich die beiden zum Sterben. Der Junge ließ sich noch von seiner ahnungslosen Mutter zum Bahnhof fahren.

Er suchte im Internet seit zwei Jahren nach einem geeigneten Partner zum Sterben. So schrieb er schon im Februar 2001: »Ich kann nicht alleine sterben. Vielleicht ist es besser, sich mit jemandem anderen umzubringen. Falls jemand Interesse hat, möge er sich bei mir melden.«

In den folgenden Monaten wird seine Korrespondenz noch erschreckender und bizarrer. Mario fantasiert nun von einem Massensuizid. In dieser Zeit unternimmt er zwei Suizidversuche. Als er dann im Netz auf Jana trifft, reist er kurzentschlossen nach Berlin.

Bevor er abreiste, stellte Mario noch seinen Abschiedsbrief ins Netz: »Hallo. Heute wird wohl der Tag sein, ist jetzt alles arg kurzfristig. Drum kann ich auch leider nicht viel schreiben, da ich bald los muss. Sag bitte allen, dass ich sie vermissen werde, aber nun ist leider die Zeit gekommen, zu gehen. Sorry, dass ich, wie gesagt, nicht viel Zeit habe, aber das war jetzt wie gesagt, sehr kurzfristig von ihr und na ja ...« In seiner Reisetasche befand sich ein Kleinkalibergewehr. Nach seiner Ankunft in Berlin fährt er direkt mit Jana zu einem Parkplatz am Teufelsberg. Dort erschießt er die Studentin und anschließend sich selbst.

In diesem spektakulären Suizidfall wurde die Fiktion eines Tatort-Krimis von der Realität eingeholt. Am nächsten Tag fragten sich viele Zeitungen, wie Erwachsene Kinder vor dem »Selbstmordkult« schützen können. Wenn wir unseren Kindern früh beibringen, ihre Gefühle in Worte zu fassen, damit sie über ihre Sorgen und Nöte reden, ist die Gefährdung nicht so groß. Wenn Eltern feststellen, dass ihre Kinder regelmäßig Suizidforen besuchen, sollten sie mit ihnen offen darüber sprechen und dem Thema nicht ausweichen.

Die Mutter Janas sagte später in einem Interview, dass sie glaube, dass ihre Tochter gar nicht sterben wollte, sondern durch das Suizidforum dazu getrieben worden sei. Das ist der übliche Versuch, einen Schuldigen im Außen zu finden. Janas Geschichte dokumentiert eindeutig ihre Entschlossenheit, sterben zu wollen.

Im Januar 2003 war in der »Bild«-Zeitung zu lesen, dass Janas Mutter ihr Trauertagebuch im Internet veröffentlicht hat. Die Auseinandersetzung mit dem Suizid ihrer Tochter und ihrem eigenen Trauerprozess stößt auf große Resonanz. Janas Mutter will damit aber auch anderen Gefährdeten helfen. In der Zwischenzeit haben sich die beiden Mütter der Verstorbenen getroffen, um gemeinsam mit dem Verlust ihrer Kinder fertig zu werden.

11. KAPITEL

Medienwirksame Suizide: Prominentenselbsttötung und spektakuläre Fernsehsendungen

In diesem Kapitel erfahren Sie

• von dem Nachahmungseffekt bei Suizid durch den freiwilligen Tod von Prominenten

• vom langsamen Drogen-Tod Kurt Cobains

• von der Selbsttötung Hannelore Kohls und wie die katholische Kirche damit umging

• von der Respektlosigkeit der Presse beim Suizid von Rex Gildo

Der Suizid Prominenter und seine Wirkung in der Öffentlichkeit

Jede Generation hat ihre Stars und Idole, die sich erschießen wie der Werther in Goethes Briefroman oder Kurt Cobain auf dem Höhepunkt seiner Karriere in den neunziger Jahren. Andere saufen oder fressen sich zu Tode wie Elvis Presley oder sterben an einer Überdosis Drogen wie Janis Joplin, Jimmi Hendrix oder Jim Morrison. Einige rasen mit dem Auto in eine Wand wie James Dean oder vergiften sich mit Tabletten wie Marilyn Monroe, Lili Palmer oder Hannelore Kohl. Die Reihe ließe sich beliebig fortsetzen. Je berühmter jemand ist und je spektakulärer sein Ende in den Massenmedien dargestellt wird, umso größer ist offenbar die Bereitschaft, dem verehrten Idol durch einen Suizid zu folgen.

Selbsttötung als Problemlösungsstrategie kann durch öffentliche Darstellung in Filmen oder Büchern zur Nachahmung führen. Als 1981 der ZDF-Film »Tod eines Schülers« gezeigt wurde, kam es danach zu einem Anstieg der Suizidquote. Im Film hatte sich ein Gymnasiast vor einen Zug geworfen. Der Begriff Nachahmungseffekt, auch Werthereffekt genannt, geht zurück auf den Briefroman »Die Leiden des jungen Werther« von Johann Wolfgang von Goethe. Das Erscheinen des Romans, in dem sich der Held wegen einer unglücklichen Liebe am Ende erschießt, löste eine Selbstmordwelle in Deutschland und Europa aus. Im Folgenden werden drei völlig unterschiedlich motivierte Suizide von prominenten Persönlichkeiten beschrieben, um ihre Auswirkungen auf die Öffentlichkeit exemplarisch darzustellen.

Kurt Cobain

Das kurze, überaus intensive Leben Kurt Cobains endete spektakulär im April 1994, als der damals berühmteste Rockstar der Welt sich das Leben nahm.

Der Sänger hat es sich in seinem kurzen Leben nie leicht gemacht. Sein ganzes Leben war von emotionalen Schmerzen und einem übermächtigen Selbsthass gekennzeichnet. Er litt unter einem periodisch brennenden Übelkeitsschmerz im Magen, den er durch übergroße Dosen Heroin zu betäuben versuchte. So durchlebte Cobain viele kleine Tode durch eine ständig steigende Überdosierung von Drogen aller Art, die ihn häufig in Todesnähe brachten.

Kurt Cobain wurde am 20. Februar 1967 in Aberdeen, einer Kleinstadt im Staat Washington, geboren. Seine Eltern litten unter permanenten finanziellen Schwierigkeiten. Nach der Scheidung der Eltern 1976 bekam Kurt seinen ersten seelischen Knacks. Er verstand den Grund der Trennung nicht. Aber statt seinen Ängsten Luft zu machen, verkroch Kurt sich in sich selbst. Seine Eltern wurden zu gefallenen Idolen, denen nicht mehr zu trauen war. Diese Wurzellosigkeit sollte sein ganzes Leben bestimmen. Schon im Alter von 14 Jahren (1981) zeigte er in einem von ihm gedrehten Film die dunkle Seite seiner Psyche. Er behandelte das Thema Suizid: »Kurt begeht blutigen Selbstmord« und stellt dar, wie er sich die Pulsadern aufschneidet. Schon damals muss der Wunsch zu sterben manifest gewesen sein.

Einem Mitschüler sagt er: »Ich werde ein Rockstar, bringe mich um und mache einen flammenden Abgang.«[67]

In seiner eigenen Familie hatte es damals mehrere Suizide gegeben. Wenig später, in der achten Klasse, begannen schon seine Experimente mit Drogen. Eine Phase der Ruhelosigkeit und

Isolation stellte sich ein: Er lebte während der nächsten vier Jahre in zehn verschiedenen Häusern, nachdem er bei seinem Vater ausgezogen war.

Mit 17 war er mehr oder weniger obdachlos und schlief auf Veranden von Freunden oder in deren Autos. Kurt fantasierte von einer Karriere als Musiker. Feste Jobs waren ihm zuwider und sein Drogenkonsum stieg beständig. Tief in seinem Inneren quälte er sich, und er sprach ständig von Suizid, da ihn Selbstzweifel und Angst bedrängten.

Aber er schrieb Texte und Tagebuch, er malte und traf etwa 1984 die ersten Mitglieder der späteren Nirvana-Formation. Erste Plattenaufnahmen bei Sub-Pop entstanden. Kurt hatte seine erste feste Freundin Tracy.

Mit seiner Musik sollte er für viel Chaos sorgen. Ende der achtziger Jahre versuchte Cobain das erste Mal Heroin. In den Tagebuchaufzeichnungen jener Zeit richtet sich sein rasender Zorn gegen sich selbst: Suizidfantasien sind mit Gewaltvorstellungen gegen andere vermischt – der Tod wird zu einem Fluchtpunkt.

Die ersten großen Erfolge stellten sich ein, doch Kurt Cobain entzog sich immer mehr seiner Umwelt. Seine Drogenexzesse weiteten sich aus, und er lag ganze Tage und Wochen alleine in seiner Wohnung und drückte sich Heroin.

»Nevermind« erscheint und Kurt wird zum berühmtesten Rockstar seiner Generation. Es war die Erfüllung seiner Träume, doch gleichzeitig zermürbte ihn eben dieses. Am Ende der Konzerte zerschlugen er und die anderen Bandmitglieder häufig ihre Instrumente. Der Roadmanager musste jede Woche mit Tausenden von Dollars den Schaden decken, den die Band anrichtete.

Kurt lernt Courtney Love kennen, und schon bald nehmen sie gemeinsam Heroin. Cobain hatte im Herbst 1991 offensichtlich beschlossen, ein Junkie zu werden. In seinem Tagebuch schrieb er: »Es kam oft vor, dass ich buchstäblich bewegungsunfähig war und wochenlang im Bett lag, mich erbrach und hungerte. Da kam ich zu dem Schluss: Wenn ich mich schon wie ein Junkie fühle, dann kann ich genau gleich einer werden.«[68]

Am 12. Januar 1992 war Kurt Cobain zum ersten Mal in Todesnähe durch eine Überdosis Heroin. Und das zu einem Zeitpunkt, da sein Album »Nevermind« auf Platz eins der Billboard-Charts stand und sich eine ganze Generation junger Menschen kollektiv in ihn verliebt hatte. Courtney rettete ihm später noch einige Male das Leben. Im Februar 1992 heirateten die beiden. Courtney war schwanger. Die immer schlimmer werdende Heroinabhängigkeit führte zu mehreren formellen Interventionsversuchen durch Suchtspezialisten. Kurt schrieb in dieser Zeit: »Man hält mich für einen ausgemergelten, gelbhäutigen bösen Zombie von einem Suchtbolzen, einem Junkie, ein hoffnungsloser Fall ... Ich hasse mich und möchte sterben!«[69]

Diese Zeilen drücken seinen Selbsthass und sein finsteres Selbstbild aus. Auch seine immer schlimmer werdenden Magenschmerzen machten ihm zu schaffen. Am 18. August 1992 wurde seine Tochter Frances geboren. In dieser Zeit versuchte Kurt einen Entzug, aber er fand keine innere Ruhe. Auch die Geburt der Tochter hielt ihn nicht von den Drogen ab. Heroin war sein Alltag geworden. Im Sommer 1993 drückte er fast täglich. Die Folgen waren zahlreiche Überdosen, bei denen er dem Tod immer wieder gerade noch so von der Schippe sprang; einige Dutzend Male alleine 1993![70]

Cobain zog sich immer mehr vom Leben zurück – auch von seiner Frau –, es kam zu starken Belastungen ihrer Beziehung. In einer erschütternden Tagebucheintragung jener Zeit fleht er nach Freundschaft und Erlösung: »... ich brauche einfach Leute, eine Clique, einen Grund zum Lächeln ... bitte, ist denn da

keiner? Jemand, irgendjemand, Gott, hilf, hilf mir, bitte! Ich möchte akzeptiert werden ... Ich bin sooo, sooo allein. Ist da draußen denn keiner? Bitte helft mir. HELFT MIR!«[71]
Ein umjubelter »unplugged« Auftritt folgte, in dem er wirbelte, als atme er seinen letzten Lebenshauch aus. Wenig später, Ende 1993, wurde ihm von einem Therapeuten eröffnet, dass seine Sucht an einem Punkt angelangt war, »... wo er entweder clean werden wird oder er würde daran sterben!«[72]
Kurt Cobain veränderte sich in seinem Wesen, und doch wurde ihm auf einer Europatournee Anfang 1994 klar, dass er keine Junkie-Ikone sein wollte. Er war verzweifelt und von Panik erfüllt. Er hatte das Leben satt, das er führte. Er flog nach Rom, wo er sich mit Courtney treffen wollte, und begeht am 4. März 1994 einen Suizidversuch. Cobain hatte 60 Rohypnol genommen, die zehnmal stärker sind als Valium. In seiner Hand hielt er einen dreiseitigen Abschiedsbrief. Nach Rom hatte er sich verändert. »Er schien nicht mehr so lebendig. Zuvor war er vielschichtig gewesen, danach schien er irgendwie monochrom«, wird ein Freund zitiert.[73]
Der Drogenkonsum wurde immer schlimmer, und er drohte mit Suizid. Es kommt zu heftigen Streitereien mit seiner Frau. In der dritten Märzwoche sind seine Freunde und die Familie derartig besorgt, dass man ihn zu einer Behandlung zwingen wollte. Kurt Cobain stand am Abgrund des Wahnsinns durch seinen verheerenden Drogenkonsum, was zu einer totalen Entfremdung von all seinen Freunden geführt hatte. Er hatte keine Verbindung mehr zu irgendwem, und er wollte sterben. Aus der Sorglosigkeit des Drogenkonsums war ein Todeswunsch geworden. Seine Arme waren mit Scharten und Abszessen übersät, und mutwillig benutzte er sogar die Nadeln anderer![74] Und wieder überlebt er allen Erkenntnissen der Wissenschaft zum Trotz eine Überdosis Heroin, welche die meisten Menschen um-

gebracht hätte. Er wurde in das Reha-Zentrum »Exodus Recovery Center« in Los Angeles eingeliefert. Ein Freund, der ihn dort kurz danach besuchte, berichtet: »Was immer ihm zu schaffen machte, er schien bereits seinen Frieden gemacht zu haben.«[75]

Kurt Cobain floh aus der Klinik und flog zurück nach Seattle. Am 5. April zog er sich auf den Dachboden seines Gewächshauses zurück. Er hatte sich eine Remington-Flinte besorgt und Heroin. Er setzte sich den Druck direkt über der Beuge seines Ellenbogens. »Er legte die Kiste weg, immer schneller und schneller trieb er davon, er fühlte, wie sein Atem langsamer wurde. Er musste sich jetzt beeilen – alles um ihn herum begann zu verschwimmen, war von einem aquagrünen Schein umgeben. Er nahm die schwere Flinte und drückte sich die Mündung gegen den Gaumen. Es würde laut werden, da war er sich sicher. Und dann war es vorbei.«[76]

Hannelore Kohl

Als sich in der Nacht vom 4. auf den 5. Juli 2001 Hannelore Kohl das Leben nahm, stand in den darauf folgenden Tagen Deutschland Kopf. Keiner wusste, dass sich Hannelore Kohl in einer aussichtslosen gesundheitlichen Lage befand. Alle Versuche und Hoffnungen auf die Heilung von ihrer Lichtallergie, die sie zwang, jegliches Tageslicht zu meiden, waren gescheitert. Erst im Mai hatten ihr die Ärzte bestätigt, dass sie unheilbar krank ist. Daneben litt sie an unerträglichen Schmerzen. Angesichts dieser verheerenden Diagnose beschloss Hannelore Kohl, sich das Leben zu nehmen. Sie hielt diesen Schritt vor ihrer Familie und ihren Freunden geheim und plante ihn mit absoluter Präzision. Sie hinterließ 20 Abschiedsbriefe.

Im Brief an ihren Mann, Helmut Kohl, heißt es: »Ich habe über viele Jahre um das Natürlichste von der Welt, um Licht und Sonne, gekämpft, leider vergebens. Es wird immer schlechter und meine Kraft ist nun zu Ende. Viele Symptome des Abbaus und des Kraftverlustes habe ich bereits, man kann es auch Stoffwechselschädigungen nennen, wie könnte es auch anders sein nach jahrelangem Sonnen- und auch Lichtentzug.«[77]

Hannelore Kohl starb an einer Überdosis Morphiumsulfat, einem extrem starken Schmerzmittel. Zusätzlich nahm sie Schlaftabletten. In den letzten Wochen vor ihrem Suizid verschlechterte sich ihr Gesundheitszustand rapide. Sie konnte nicht einmal an der Hochzeit ihres Sohnes Peter in Istanbul teilnehmen.

Fritz Ramstetter, ein katholischer Priester, der in Istanbul die Trauung des Sohnes vorgenommen hatte, berichtet von seiner letzten Begegnung mit Frau Kohl nach seiner Rückkehr aus Istanbul: »Als ich ihr auf Wiedersehen sagen wollte, nahm sie plötzlich meine Hand, küsste sie und schaute mich dabei ganz merkwürdig an. Das hat mich sehr irritiert, weil sie das in dieser Art und Weise noch nie getan hat. In der zeitlichen Distanz möchte ich heute sagen, dass Hannelore in diesem Augenblick vermutlich von uns Abschied genommen hat.«[78]

Helmut Kohl erinnert sich an den Juni 2001: »Die wirkliche Katastrophe begann, als sie kaum noch Treppen steigen konnte. Daraus hat sie dann für sich den Schluss gezogen: Der Zerstörungsprozess geht immer weiter, und die Schmerzen nehmen zu. In dieser Zeit könnte sie bereits zu dem Schluss gekommen sein, in den Freitod zu gehen. Auf eine Intensivstation zu kommen und dort zu sterben, das wollte meine Frau auf keinen Fall. Das hat sie mir und unseren Kindern immer wieder gesagt.«[79]

Der Sohn Walter Kohl sagte über den Suizid seiner Mutter:

»Nach den vielen Therapieversuchen hatte sie überhaupt keine Hoffnung auf Besserung mehr. Weil ihr das völlig klar war, hat sie diesen Schritt sehr bewusst vorbereitet und schließlich auch getan. Für sie war es ganz wichtig, in Frieden aus dieser Welt zu gehen. Deswegen hat sie diese vielen Abschiedsbriefe geschrieben ...«[80]

Peter schildert seine Gedanken so: »Ein Selbstmord ist immer auch eine Katastrophe für die betroffene Familie, die Freunde und die Ärzte. Für mich persönlich ist Suizid keine Lösung, aber ich habe beim Tod meiner Mutter mit tiefer Erschütterung erlebt, dass man sich sehr hüten muss, ein verallgemeinerndes Urteil zu fällen. Und dass es wichtig ist, dieses schwierige Thema im Geist der Barmherzigkeit und der Liebe zu betrachten.«[81]

Die Presse berichtete in jenen Tagen ausführlich über Leben und Sterben von Hannelore Kohl. Vorherrschend war der Respekt vor ihrer eigenen freien Entscheidung und eine Fairness und Würde im Umgang mit Suizid, die beispiellos bleibt. Bemerkenswert bleibt die Predigt von Monsignore Erich Ramstetter, der mit der Familie Kohl eng befreundet war, weil sie ein ungewohntes Verständnis für den Suizid seitens der katholischen Kirche darstellte.

Aber seine Worte gelten wohl für jeden, der sich das Leben genommen hat: »Lieber Helmut, ›ich weiß, dass mein Erlöser lebt‹, spricht Hiob. Dies glauben zu können, ist entscheidend in dieser eurer Lebenssituation. Wir sind überzeugt, für Hannelore ist dies zu lebensspendender Wahrheit geworden. Die Fülle des Leids an Seele und Leib hat sie diesen Schritt auf den unbegreiflichen und liebenden Gott vollziehen lassen ... Wer in der Dunkelheit leben muss, sehnt sich nach dem Licht. Hannelore Kohl hat sich nach dem unvergänglichen Licht gesehnt, nicht nach den untergehenden Sonnen. Wir glauben und beten, dass Gott sie seine Herrlichkeit schauen lässt. Dass er ihre Tränen trocknet und ihr den Frieden und die ewige Ruhe schenkt.«[82]

Rex Gildo

Ganz anders gelagert war der Umgang der Medien mit dem Suizid des deutschen Schlagersängers Rex Gildo Ende Oktober 1999. Dieser löste eine beispiellose Häme in der deutschen Presselandschaft aus. Selten wurde mit dem Tod eines Prominenten respektloser umgegangen. Sogar in diversen Comedy-Shows hieß es lakonisch: »Alle mal herhören. Der deutsche Schlager ist aus dem Klofenster gesprungen!«[83]
Die gesamte Presse unterstellte Rex Gildo, dass er sein Alter, 63 Jahre, nicht habe akzeptieren können. Der Sänger war durch sein Image als »Sexy-Rexy-Strahlemann« zum ewigen Berufsjugendlichen verdammt. Im Gegensatz zu vielen seiner in die Jahre gekommenen Kollegen konnte er sich nicht in die Selbstironie retten. Darüber hinaus wurde sein Hit »Fiesta Mexicana« zum Fluch für ihn. Sein »Hossa«, das er am Ende seines Lebens alkoholumnebelt in Bierzelten und auf Betriebsfeiern zum Besten gab, wurde von den jungen Zuschauern als komische Nummer aufgefasst und nicht ernst genommen.
Und das zahlte ihm die Presse nach seinem Tod einmütig heim. So heißt es in einem Artikel gnadenlos: »... und was er gerufen hat auf der kurzen Strecke zwischen Toilettenfenster und Gehwegplatten ...? Wir wissen es nicht.«[84] Hier wird durch ironische Respektlosigkeit aus dem Tod eines Menschen noch ein Hintertreppenwitz formuliert.
Letztlich verbirgt sich hinter den Schlagzeilen die Tragödie eines Menschen, der den nachlassenden Erfolg nicht ertragen

konnte. In den neunziger Jahren besang er nur noch wenige Schallplatten und konnte nicht länger an seine früheren Hits anknüpfen. Einmal festgelegt auf Schlager der Marke »sorgenfrei« wird es unmöglich, das Genre zu wechseln. Ein noch tiefer liegendes psychisches Problem war sein »Doppelleben«. Einerseits stellte er den glücklich verheirateten Ehemann dar, andererseits hatte er einen über 30 Jahre jüngeren Freund, der als Privatsekretär seine Rolle ausfüllte.

Jener Freund war an dem Tag anwesend, als der Schlagersänger aus dem Fenster sprang. Vorher war es zum Streit gekommen, da der junge Mann Rex Gildo verlassen wollte. Dieser Freund hatte schon mehrfach den Notarzt gerufen, weil er durch die psychischen Probleme von Gildo überfordert war und fürchtete, der Sänger könnte sich das Leben nehmen. Die Presse überschlug sich mit widerwärtigen Anspielungen.

Der Diplompsychologe Peter Groß äußerte sich in der »Rhein-Zeitung« vom 27. Oktober 1999: »Bei nicht absolut gefestigten Persönlichkeiten droht bei nachlassendem Erfolg verstärkt Selbstmordgefahr. Geheim gehaltene Krankheiten, Potenzprobleme im Alter oder gescheiterte Beziehungen lösen häufig Depressionen aus, die mit einem Selbstmord enden.«

Wenn der Erfolg wegbricht, kann sich die Situation bis zur Unerträglichkeit steigern. Hinzu kommt, dass Stars, entgegen den Vorstellungen ihres Publikums, gerade im Alter finanzielle Probleme haben. Sie sind gezwungen, schlechte Engagements anzunehmen, was die Unzufriedenheit mit dem Leben steigert. Seit Mitte der neunziger Jahre war Rex Gildo genau in die Sparte jener Künstler abgerutscht, die nur noch in Bierzelten, auf Betriebsfesten oder Geschäftseröffnungen auftreten konnten.

Der erhebliche Alkoholkonsum des Sängers geriet in die Schlagzeilen, als ihn Veranstalter verklagt hatten, weil er Auftritte platzen ließ. Daraus ergab sich eine zunehmende suizidale Einengung: Der »ewige Strahlemann« war seelisch erloschen. Gildo sah keine Perspektive für sein Leben mehr. Die sich daraus ergebende Tragik wurde von der Presse nicht erkannt. Stattdessen wurde der Sänger selbst zum Schuldigen abgestempelt. Die »BZ« titelte: »Alkohol, Doppelleben, Hossa-Wahn.« Dahinter verbirgt sich ein grundlegendes Defizit im Verständnis des Suizids. Der generelle Tenor der Presse war es, dass der Sänger selbst die Schuld trägt. Das ist eines der beliebtesten Gesellschaftsspiele, weil die Frage nach der Schuld und dem Warum stets im Was-wäre-Wenn mündet. Diese Art von Besserwisserei war der Anlass für die Respekt- und Würdelosigkeit des Umgangs mit dem Tod von Rex Gildo.

Die Folgerungen sind scheinheilig: Hätte der Sänger zu sich gestanden, zu seinem Alter und zu seiner Homosexualität, wäre ihm sein Schicksal erspart geblieben.

Wir neigen dazu, eher mit den Möglichkeiten zu spekulieren, die sein könnten, als mit den eigentlichen Fakten umzugehen. Diese Art von Schuldzuweisung hilft niemals weiter.

Wenn wir einem Menschen, der sich das Leben genommen hat, die Achtung verweigern, werden wir einen Suizid niemals wirklich verstehen. Aus Rex Gildos Sprung in den Tod aber einen Witz zu machen, geht einfach zu weit! Es reflektiert die Unfähigkeit der Gesellschaft, mit Sterben, Tod und Suizid umzugehen, und zeigt die Bedenkenlosigkeit von Massenmedien, sich sogar über die innere Verzweiflung eines Menschen hinwegzusetzen – das nennt man Unmenschlichkeit! Gleichzeitig ist das eine Abwertung den Angehörigen gegenüber. Könnte es vielleicht sein, dass sich auf dieser Ebene die fest verwurzelten negativen Einstellungen dem Suizid gegenüber immer noch zeigen?

Nachahmungseffekte

Am Beispiel von Kurt Cobains Suizid lässt sich der Nachahmungseffekt des Todes Prominenter belegen. Besonders spektakulär
war der Tod des 28-jährigen Nirvana-Fans Daniel Kaspers, der
sein Idol nachahmte und einige Tage später ebenfalls zur Flinte griff. »Einen Monat, nachdem sich Kurt Cobain in den Kopf
geschossen hatte, kam ein Junge aus der Kleinstadt Milford in
Michigan nach Hause und tat sich mit dem Gewehr seines Vaters dasselbe an. Kurts Lied ›Rape me‹ lief auf dem Kassetten-
recorder, die Feuersirene heulte über der Stadt.«[85]
In den Folgejahren kam es immer wieder zu Suiziden Jugendlicher, und sogar noch 1997 erschossen sich zwei Schülerinnen,
um dem Rockstar in den Tod zu folgen.
Dieser Nachahmungseffekt, wenn sich Persönlichkeiten des öffentlichen Lebens das Leben nehmen, ist unter dem Fachbegriff
»Werthereffekt« bekannt.
Als sich die Filmdiva Marilyn Monroe Anfang August 1962 im
Alter von 36 Jahren unter bis heute nicht geklärten Umständen das Leben nahm, schnellte die Suizidrate in den USA in die
Höhe. Der amerikanische Soziologe David Philips erbrachte
bereits in den siebziger Jahren empirische Belege dafür, dass
überregional verbreitete Zeitungsmeldungen über Selbsttötungen bekannter Personen zu einem Anstieg der Suizidraten führen.
Je mehr einzelne oder kollektive Suizide in den Massenmedien
aufgebauscht werden, desto größer ist die Gefahr, dass Menschen, die suizidgefährdet sind, sich das Leben nehmen.
Durch den Tod eines öffentlichen Idols erfolgt häufig ein Damm-
bruch, wie es sich beispielsweise beim Unfalltod von James
Dean manifestierte. Nach seinem frühen Tod brachten sich die
zumeist jugendlichen Fans gleich scharenweise um. Je spektakulärer die Berichterstattung in der Presse und im Fernsehen

breitgewalzt wird, umso höher ist die Gefahr, dass sich labile oder psychisch angeschlagene Menschen davon angesprochen fühlen, solches zu wiederholen.

Insgesamt wird in der Öffentlichkeit die Sogwirkung skandalträchtiger Schlagzeilen unterschätzt, vor allem, wenn das Thema tagelang als Aufmacher herhält. Bei der Gruppe der unter 20-Jährigen stieg die tägliche Suizidrate in der Woche nach dem Publikwerden eines prominenten Suizidfalls um ungefähr 22 Prozent an, wie David Philips in seiner Studie nachwies.[86]

Durch derartige Berichterstattungen werden reale Modelle und Vorbilder für Selbsttötungen geschaffen. Aber auch fiktive Spielfilme, vor allem, wenn sie auf das Gefühl der Zuschauer treffen, können zum Werthereffekt führen.

Die Fernsehsendung »Tod eines Schülers« 1981 schilderte die fiktive Eisenbahn-Selbsttötung des 19-jährigen Abiturienten Claus Wagner. In der sechsteiligen Serie wurden die unterschiedlichen Faktoren beleuchtet, die zum Suizid des Schülers geführt hatten. Jede Folge bot eine andere Perspektive und Deutung an: So wurde die Selbsttötung von Claus aus Sicht der Eltern geschildert, dann der Lehrer, der Mitschüler, der Freundin und des Schülers selbst. In der Fernsehserie wurde eine ausweglos erscheinende Situation des Schülers konstruiert, die geradezu klassisch erscheint für einen Suizid: Schwierigkeiten im Elternhaus, Unverständnis der Lehrer und Versagen bei der Abiturprüfung führten zur absoluten Perspektivlosigkeit des Jungen. Auch mit den Klassenkameraden verstand sich Claus nicht – er wurde zum Außenseiter. Natürlich trennte sich auch seine Freundin von ihm. Er sah keinen Ausweg mehr und fühlte sich von allen verlassen. Jede Folge wurde eingeleitet durch die letzten Augenblicke des Schülers.

Die Psychiater Armin Schmidtke und Heinz Häfner führten eine

Studie über den Einfluss dieser Mediendarstellung auf suizidales Verhalten durch. Sie stellten fest, dass nach der Erstausstrahlung und der Wiederholung im entsprechenden Zeitraum eine eindeutige Zunahme von Eisenbahnsuiziden bei jungen Männern zu verzeichnen war. Die Psychologen betonten, dass die sechsmalige Wiederholung der Eingangssequenz mit der Selbsttötung des Schülers einen nachhaltigen Imitationseffekt ausübte, was dann vom ZDF in Stellungnahmen zurückgewiesen wurde. Bis heute werden die Nachahmungseffekte von den Medien aufs Heftigste bestritten, obwohl sie sich durch diverse soziologische Studien auf der ganzen Welt belegen lassen.

12. KAPITEL

Die Bedeutung von Abschiedsbriefen

In diesem Kapitel erfahren Sie

• von Abschiedsbriefen als letzte Aussagen von Menschen, die sich das Leben nahmen

• wie hochrangige Künstler ihren Suizid begründen

• von religiösen und jenseitigen Vorstellungen junger Menschen

• wie Hinterbliebene mit den Abschiedsbriefen umgehen

Abschiedsbriefe

Ein Abschiedsbrief ist häufig die letzte greifbare Aussage eines Menschen, der sich das Leben genommen hat. Für die Hinterbliebenen ist er oft die einzige Quelle zum Verständnis der Handlung. Der Betroffene versucht, seinen persönlichen inneren Konflikt darzustellen. Wie sich an der psychologischen und literaturwissenschaftlichen Erforschung von Abschiedsbriefen gezeigt hat, begeht niemand Suizid, der nicht in irgendeiner Weise emotional außer Fassung geraten ist und einen starken Leidensdruck aufweist.

Angehörige versuchen, in den hinterlassenen Botschaften Gründe für einen Suizid zu finden, um dadurch getröstet zu werden. Gerade wenn kein Wort des Abschieds hinterlassen wurde, leiden Hinterbliebene an der ewigen Frage des Warum. In den meisten Fällen ist diese Frage nicht zu beantworten. Die Angehörigen von Suizidanten hoffen auf ein letztes an sie gerichtetes, liebevolles Wort. Allerdings muss hier eingeräumt werden, dass es zahlreiche Abschiedsbriefe gibt, die voll von Schuldzuweisungen und Verwünschungen sind:

»Ich bin eine Niete, stehe nur im Weg und mache alles falsch. Den Druck, den ihr ausübt, halte ich nicht mehr aus.«

»In Gedanken war ich bei einem Freund, der mit einer anderen im Kino saß, als ich auf seine Hilfe hoffte. Ich ertrage es nicht länger. Die Hoffnung schwindet. Ihr falschen Freunde gebt mir das Gefühl, lästig zu sein.«

»Frag nur nicht, warum. Schau in den Spiegel!«

Anzeichen gravierender Feindseligkeit finden sich vor allem in zeitgenössischen Abschiedsbriefen. Diese offenen Aggressionen gegen andere haben immer mit unerledigten Geschäften zu tun. Die Übertragung von Schuld, insbesondere bei einem Suizid, zeigt die Unfähigkeit eines Menschen, sich selbst ungeschminkt ins Gesicht zu schauen. Jeder von uns macht Fehler in seinem Leben, aber diese müssen wir uns auch selbst eingestehen. Wir sind dafür verantwortlich und sollten nie anderen die Schuld geben. Derartige Vorwürfe in Abschiedsbriefen führen zu schweren Verletzungen.

In der Mehrzahl der Fälle sind die letzten Grüße oft mit Dank und guten Wünschen verbunden. Das sind die wohltuenden Abschiedsbriefe, nach denen Angehörige sich sehnen. Menschen, die sich das Leben genommen habe, bitten darin um Vergebung, entschuldigen sich oder rechtfertigen ihre Tat: »Bitte verzeiht mir!«, »Entschuldigt meine Tat!«, »Seid mir nicht böse!« sind typische Formulierungen.

Suizid und Geisteskrankheiten

Einer Selbsttötung gehen Leiden und tiefe innere Auseinandersetzungen voraus, bevor die Überlegung, den Tod zu wählen, zu einem Abschluss kommt. Das Bedürfnis nach Ruhe und Frieden ist sehr ausgeprägt, da der Suizidant sich selbst und auch die Welt nicht länger versteht. Manchmal bestätigt ein solcher Brief, was ein Angehöriger schon vorher vermutet hat: Dass alle Liebe der Welt den Betroffenen nicht von seinem Schmerz hätte erlösen können und nichts ihn vom Suizid hätte abhalten können. Insbesondere ist das der Fall bei einer ausbrechenden oder wiederkehrenden Geisteskrankheit.

So schreibt Killian an seine Frau: »... Ich habe mich seit Januar derart verändert, dass ich keine Zukunft mehr sehe. In Zusammenhang mit der verordneten Einnahme verschiedener Medikamente habe ich unter Konzentrationsschwäche gelitten und in der Folge viele Fehler begangen, die mir erst in den letzten Tagen klar wurden ... Glaube bitte nicht alles, was über mich erzählt wird. Es stimmt, dass ich einige für mich unverzeihliche Fehler gemacht habe. Die meisten kamen jedoch auf Grund der Aktion von Albert zustande. Ich liebe euch beide nach wie vor aufs Innigste. Estelle, Kopf hoch! Erinnere dich an unsere Reisen! Du weißt, dass du es packen kannst, zusammen mit den Eltern und Freunden. Bitte bete weiterhin für mich. Insofern ich die Möglichkeit dazu habe, werde ich das auch für dich und Rita tun. Bitte lass Rita noch taufen. In Liebe Killian.«[87]

Dieser Mann gesteht die eigenen Fehler ein, obwohl er gleichzeitig seinen Geschäftspartner beschuldigt. Seiner Ehefrau gegenüber ist er sehr liebevoll und bittet um Verständnis. Der eigentliche Grund für seinen Suizid ist jedoch die Angst vor einer beginnenden Geisteskrankheit. Killian nimmt eine erhebliche Persönlichkeitsveränderung wahr, mit der er nicht zurechtkommt und wodurch er keine Zukunft mehr sieht.

Dieser Abschiedsbrief erinnert in seiner Intensität an den berühmten Brief der englischen Schriftstellerin Virginia Woolf an ihren Mann Leonard, bevor sie sich das Leben nahm:

»Liebster, ich spüre genau, dass ich wieder wahnsinnig werde. Ich glaube, dass wir eine solche schreckliche Zeit nicht noch einmal durchmachen können. Und diesmal werde ich nicht wieder gesund werden. Ich höre Stimmen, und ich kann mich nicht konzentrieren. Darum tue ich, was mir in dieser Situation das Beste scheint. Du hast mir das größtmögliche Glück geschenkt. Du bist mir alles gewesen, was einem einer sein kann. Ich glaube nicht, dass zwei Menschen haben glücklicher sein können – bis die schreckliche Krankheit kam. Ich kann nicht länger dagegen ankämpfen. Ich weiß, dass ich dir dein Leben ruiniere und dass du ohne mich würdest arbeiten können ... Hätte mich jemand retten können, wärest du es gewesen. Alles, außer der Gewissheit deiner Güte, hat mich verlassen. Ich kann dein Leben nicht länger ruinieren. Ich glaube nicht, dass zwei Menschen glücklicher hätten sein können, als wir gewesen sind.«[88]

Virginia Woolf entschied sich für den Tod, da ihr innerer Druck viel zu groß war. Selbst die Liebe ihres Mannes konnte ihr Leiden nicht mehr lindern. Sie wollte ihrem Mann nicht noch einmal eine neue Psychose zumuten. Auch Killian liebt seine Frau und Tochter aufrichtig und vertraut darauf, dass sie mit dem Verlust umgehen können.

Die Angst vor der Rückkehr schwerer Depressionen oder Psychosen ist mit ständigen Qualen und Gefahren verbunden. Die seelischen Schmerzen, die erfahren werden, sind vergleichbar mit Tumorschmerzen. Leiden, Hoffnungslosigkeit, Erregung und Scham sich selbst gegenüber sind dabei gepaart mit dem quälenden Bewusstsein, anderen Schaden dadurch zugefügt zu haben.

Daraus resultieren Erregungszustände, Ruhelosigkeit und Schlaflosigkeit. Der mentale Leidensdruck wird unerträglich. Diese Themen werden in den Abschiedsbriefen psychisch kranker Menschen immer wieder thematisiert und sind ein häufiges Motiv für einen Suizid. Die berühmte Sterbeforscherin Elisabeth Kübler-Ross schrieb zu diesem Tatbestand die folgenden sehr verständnisvollen Zeilen:

»Wie viele von Ihnen waren schon einmal wirklich hoffnungslos verzweifelt? Dann wissen Sie, wie das ist. Wenn Sie dieses Gefühl mit zehn multiplizieren, können Sie ungefähr nachempfinden, was ein Manisch-Depressiver in seiner Verzweiflung fühlt. Nichts hat mehr einen Sinn, gar nichts. Es ist schlimmer als nichts. Es ist die absolute Leere. Und es gibt buchstäblich keinen Weg, der wieder aus diesem Dunkel hinaus ins Sonnenlicht führt.

Die einzige Möglichkeit für den Depressiven ist in dieser Situation, seinem Leben, das für ihn unerträglich geworden ist, durch Suizid ein Ende zu machen. Sicher verstehen Sie, dass ein solcher Suizid am Ende, nach dem Tod, wenn das Leben des Betreffenden noch einmal vorbeizieht, beurteilt werden wird, als ob er an Krebs gestorben wäre. Bei dieser Form der Depression und des Selbstmords handelt es sich um eine Krankheit, für die der Kranke nicht verantwortlich ist.«[89]

Künstlersuizid

Die Schreckensvision des geistigen Verfalls, chronischer Erkrankung und wiederkehrender Psychosen ist besonders für hoch gebildete Menschen unerträglich. Zahlreiche Künstler und Schriftsteller nahmen sich deswegen das Leben. Sehr treffend drückte dies der Dichter Paul Celan aus, indem er einen Satz bei Hölderlin unterstrich und das Buch aufgeschlagen liegen ließ: »Manchmal wird dieser Genius dunkel und versinkt in dem bitteren Brunnen seines Herzens.« Anschließend ertränkte er sich in der Seine.

Der italienische Schriftsteller Cesare Pavese schrieb am Tag seines Suizids, am 18. August 1950, in sein Tagebuch. »Je bestimmter und genauer der Schmerz ist, umso mehr schlägt der Instinkt des Lebens um sich, und die Idee des Selbstmords sinkt. Es schien leicht, wenn man daran dachte. Und doch haben es kleine Frauen getan. Es braucht Demut, nicht Stolz. All das macht Ekel. Nicht Worte. Eine Geste. Ich werde nicht mehr schreiben.«[90]

Für einen Vollblutschriftsteller ist die Aussage, nicht mehr schreiben zu wollen, gleichzusetzen mit seinem Tod! Am selben Tag nahm sich Pavese in einem Turiner Hotelzimmer das Leben. Klaus Mann, der sich am 21. Mai 1949 in Cannes das Leben nahm, schrieb 1942 in seinem Roman »Der Wendepunkt« sozusagen als Vorbote für jenes, das er später in die Tat umsetzte: »Beging mein Freund Selbstmord, weil André Breton und Ilja Ehrenburg sich prügelten? Er beging Selbstmord, weil er krank war. Er beging Selbstmord, weil er sich vor dem Wahnsinn fürchtete. Er beging Suizid, weil er die Welt für wahnsinnig hielt. Warum begeht man Selbstmord? Weil man die nächste halbe Stunde, die nächsten fünf Minuten nicht mehr erleben will, nicht mehr erleben kann. Plötzlich ist man am toten Punkt, am Todespunkt. Die Grenze ist erreicht – kein Schritt weiter! Wo ist der Gashahn? Her mit dem Phanodorm! Schmeckt es bitter? Was tut's? Das Leben hat nicht eben süß geschmeckt. Je suis degoute de tout.«[91]

Der japanische Schriftsteller Akutagawa, der sich mit 35 Jahren durch eine Überdosis Schlaftabletten das Leben nahm, schrieb: »Die Welt, in der ich jetzt lebe, ist ein Universum von kranken Nerven, durchsichtig wie Eis. Natürlich möchte ich nicht sterben, aber das Leben ist ein Leiden.«[92]

Liebe, Erfolg und Freundschaft reichen nicht aus, um die Qualen und das Zerstörende einer schweren Geisteskrankheit aufzufangen. Dieser Zusammenhang gibt auch Aufschluss über die Psychopathologie des Suizids, der die endgültige Antwort auf die Leere, den Überdruss, die Langeweile und das Leiden ist.

Eine unbekannte Frau, die sich mit zweiundzwanzig Jahren erschoss, schrieb: »Niemand, der die äußerste Entmutigung nicht erlebt hat, die ein nervöser Zusammenbruch mit sich bringt, darf sich zum Richter aufspielen, denn er kann nicht ermessen, dass das allein einen Menschen zu dem Wunsch bringen kann, zu sterben.«[93]

Der amerikanische Künstler Ralph Barton erklärte in seinem Abschiedsbrief: »Jeder vernünftige Arzt weiß, dass die Gründe für Suizid immer psychopathologischer Natur sind. Schwierigkeiten im Leben beschleunigen nur das Eintreten des Ereignisses – und der wahre Selbstmörder fabriziert seine Schwierigkeiten selbst. (Die Krankheit, die Schwermut) ... hat es mir unmöglich gemacht, die einfachen Freuden des Lebens zu genießen, die anderen Menschen durch das Leben helfen ...«[94]

Im Lauf der Jahrhunderte haben Suizidanten Nachrichten hinterlassen mit Tinte, Kreide, Bleistift und dem eigenen Blut. Einen Tag, bevor der russische Dichter Sergeij Jessenin sich aufhängte, schrieb er ein ganzes Gedicht mit seinem eigenen Blut.

Deutungsmuster

Da der Suizid in seinen Gründen meistens nicht verstanden wird, wird dieses Verständnis mit den unzulänglichen Deutungsmustern der Hinterbliebenen gefüllt. Wer sich diesem Grenzbereich nähern will, stößt allenfalls auf eine bruchstückhafte Ahnung, warum sich ein Mensch das Leben genommen hat. Mit diesem halben Wissen werden wir immer leben müssen. Was bleibt, sind Gesprächsfetzen, Erinnerungen an ein normales Verhalten, das erst in der Retrospektive verdächtig wird. Beiläufige Notizen oder Tagebucheintragungen fallen uns ein, und wir denken über die eigene Beziehung zum Toten nach. Es vermischen sich Bruchstücke von Schuldgefühlen mit Wut und der Hilflosigkeit des Verlustes.

Wenn eine Mutter von drei Kindern als Abschiedsworte auf den Computerbildschirm geschrieben hat: »Ich liebe euch. Es tut mir Leid. Lernt fleißig«, so bleibt diese letzte Botschaft auch nach Jahren noch unbefriedigend und unverständlich.

Ein Junge kritzelte etwas auf einen Zettel, den er sich ans Hemd heftete. Dann ging er hinüber zur anderen Seite des Zimmers und erhängte sich genau gegenüber vom Weihnachtsbaum der Familie an einem Dachbalken. Die Nachricht war kurz: »Fröhliche Weihnachten.« Die Eltern haben diese Botschaft nie vergessen und auch nicht verstanden.

In solchen kurzen und knappen Abschiedsbriefen ist die Sprache der Verzweiflung geprägt von Zynismus oder Bosheit. Bei längeren Briefen hingegen tritt das unglückliche Bewusstsein des Schreibers an die Oberfläche. Der Leser spürt, dass er einer geschlossenen Welt gegenübersteht, zu der er keinen Zugang hat. Die verzweifelten Sprechformen der Verfasser sind brüchig und lückenhaft. Dadurch wirken sie unverständlich, aber sie sind geprägt von einer spezifischen selbstzerstörerischen Erregung, die wir in unserem Alltagsleben nicht verstehen.

Auffällig bleibt, dass in den überlieferten authentischen Abschiedsbriefen über Jahrhunderte die Ausdrucksformen der Unglücklichen gleich geblieben sind. Das Verstörende für Hinterbliebene und Therapeuten ist die Tatsache, dass der Suizid niemals über den Verstand zu erfassen ist. Die Selbsttötung ist eine abgeschlossene, fremde Welt für sich, die von einer eigenen, unwiderstehlichen Logik beherrscht wird. Der englische Schriftsteller Al Alvarez schreibt in seiner bedeutenden Studie »Der grausame Gott« über den Suizid:

»Wenn ein Mensch beschließt, sich das Leben zu nehmen, betritt er eine abgeschlossene, undurchdringliche, jedoch völlig überzeugende Welt, in der jede Einzelheit stimmt und jeder Vorfall ihn in seinem Beschluss bestärkt ... alles scheint bedeutungsschwer, alles wirkt mit. Die Welt des Selbstmörders ist voller Aberglauben und voller Vorzeichen ... Wie in der Liebe gewinnen Dinge, die dem Außenstehenden gewöhnlich, langweilig oder komisch erscheinen, ungeheure Bedeutung für den, der in des Ungeheuers Gewalt ist, während die vernünftigsten Gegenargumente ihm schlichtweg unsinnig erscheinen. Die Unempfänglichkeit für alles, was sich außerhalb der Welt der Selbstvernichtung abspielt, kann zu einer derart unheimlichen und totalen, derart psychotischen Besessenheit führen, dass der Tod selbst nebensächlich erscheint.«[95]

Was Alvarez hier schlüssig ausdrückt ist, dass Außenstehende keinen Zugang zum Gemüt eines Suizidanten finden können. Er befindet sich in einer eigenen Welt, zu der wir rational nicht vordringen können. Selbst die größte Liebe, die wir für einen Menschen aufbringen, wird nichts an seinem inneren Zustand ändern.

Durch Abschiedsbriefe kommen wir häufig der eigentlichen Wahrheit nicht viel näher. Sie versprechen oft mehr, als sie halten. Das liegt daran, dass suizidale Grenzerfahrungen nicht in Worte zu fassen sind. Ein Mensch, der zwischen Leben und Tod eingeschlossen ist und der nur noch seinen Tod herbeiwünscht, vermag diesen Zwischenzustand nicht auszudrücken. Seine Erfahrungen sind von Leid und Qual geprägt. Das ist ein veränderter Bewusstseinszustand, der einen Betroffenen unweigerlich in die Tiefe zieht. Abschiedsbriefe von Suizidanten werden häufig zitiert, wenn sie aufschlussreich sind oder starke Einsichten enthalten. Dann gewähren sie einen tiefen Einblick in die geschlossene Welt des Suizids.

Es sei allerdings darauf hingewiesen, dass es eher selten ist, dass umfangreiche Abschiedsbriefe hinterlassen werden, die einen Suizid verständlich machen. Nur in etwas 25 Prozent aller Selbsttötungen werden überhaupt irgendwelche Nachrichten hinterlassen. Die meisten Mitteilungen sind nur sehr kurz, oder es sind detaillierte Anweisungen, was mit dem Leichnam zu geschehen habe, wie das Vermögen verteilt werden oder was mit Haustieren geschehen soll. Die eigentlichen Gründe für die Selbsttötung sind oft vage, und es zeigt sich die zunehmende Qual, Überforderung oder Erschöpfung. Typische Formulierungen sind: »Das Leben ist mir unerträglich!« oder »Es hat keinen Sinn, weiterzuleben!«

Reflexionen junger Menschen über Suizid und Religion

Bei den Abschiedsbriefen von Jugendlichen fällt auf, dass sie oft den Versuch unternehmen, ihre Eltern oder Geschwister von einer Schuld an ihrem Suizid freizusprechen. Ein besonders tröstliches Beispiel ist der Abschiedsbrief des 15-jährigen Ulrich:

»Meine Lieben! Ich habe vor Gott beschlossen, meinem Leben ein Ende zu setzen. Trauert nicht um mich. Vertraut auf Gott, Jesus, denn er ist es, der euch aufmuntert und der alles gibt ... Es soll wegen meinem Tod kein Unfriede wachsen, im Gegenteil, helft einander und liebt euch! Sucht keinen Schuldigen!«[96]

Dieser, in tiefem Gottvertrauen verfasste Brief, enthält religiöse Anspielungen, wie wir sie auch in anderen Texten dieser Art immer wieder vorfinden. Die Einstellung des Schreibenden zu Gott wird offenkundig. In der Bibel gibt es die religiöse Vorstellung, wonach Gott die Tage des Erdendaseins festgelegt hat. Nicht nur die Haare eines jeden Geschöpfes sind gezählt, sondern auch die Art, wie ein Mensch stirbt. Das betrifft natürlich auch den Suizid.

Die Vorbestimmung des menschlichen Schicksals ist jedoch durch unseren freien Willen gestaltbar. Jeder verfügt damit über einen Handlungsrahmen, innerhalb dessen er sein Leben und Sterben beeinflussen kann. Im Hier und Jetzt des Augenblicks vermag er Entscheidungen zu treffen, die neue Konsequenzen seiner Gedanken, Taten und Worte herbeiführen und dementsprechend seine Zukunft neu gestalten.

Religiöse Formulierungen in Abschiedsbriefen wie Überlegungen zum Jenseits und der Vorstellung, sich in Gott fallen zu lassen, zeigen mitunter auf, dass sich ein Mensch durchaus aus transzendenten Gründen das Leben nehmen kann. Besonders, wenn der Betroffene ein tiefes Gottvertrauen aufweist und sich Gott überantwortet.

Anna nahm sich mit 23 Jahren das Leben. Sie hinterließ umfangreiches Tagebuchmaterial, in dem sie ihren Entschluss zu sterben vorbereitete, sowie mehrere Abschiedsbriefe. Schon Monate vor ihrem Tod fragt sie sich: »... Aber kann es nicht auch Gottes Wille sein, wenn in meinem Leben einmal etwas schief geht? Eins ist für mich sicher: Gott lässt uns die Freiheit, unseren Weg selbst zu wählen. Welcher ist der Weg, von dem Gott will, dass ich ihn gehe?«[97]

Ihre Beziehungen zu Männern scheitern und sie fühlt sich auch in ihrer Arbeit mit Schwerstbehinderten überfordert. Drei Wochen vor ihrem Tod schreibt sie in ihr Tagebuch:

»›Herr, du bist meine Zuflucht, mein Teil im Lande der Lebenden.‹ Psalm 142,6.

Schon lange nicht mehr steckte ich in einer so tiefen Krise, wie das vergangene Wochenende. Verschiedene Arten mich umzubringen, erwägte ich: 1. Vom Münster springen, 2. 120 Alcacil schlucken, 3. Unter dem Zug liegen ... Ich fühle mich überfordert in der Arbeit ... Ich sehnte mich nur noch nach meinem Bett. So versank ich in Schwermut.«[98]

Im festen Glauben an ein Leben nach dem Tod sowie der inneren Gewissheit, in Gott aufgehoben zu sein, schreibt Anna in ihrem Abschiedsbrief an ihre Mutter: »... Du trägst keine Schuld, liebste Mutti, im Gegenteil! Ich danke dir für alles, was du für mich getan hast ... Du kannst nichts für meinen Tod, doch du hättest ihn auch nicht verhindern können. Ich freue mich, dass ich gehen darf – heim zum Vater im Himmel. Doch habe ich auch Angst ... Und gleichwohl vertraue ich darauf, dass Gott ein barmherziger Gott ist und mir auch diese Sünde vergeben kann ... Ich kann einzig Gott bitten, dass er euch hindurch tragen wird.«[99]

Annas Zweifel und Ängste stehen neben einem unverbrüchlichen Gottvertrauen und sie drückt eindeutig aus, dass niemand ihr auf Erden hätte helfen können.

Das ist für Hinterbliebene schwer zu ertragen, aber in einer Vielzahl von Suizidfällen ist genau das der Fall. Selbst die größte Liebe vermag niemanden zu halten, dessen Seele sich entschlossen hat, zu gehen. Wenn der seelische Wunsch, diese Welt zu verlassen übergroß geworden ist, so wird der Betroffene einen Weg in den Tod finden. Annas Sehnsucht nach der geistigen Welt zeigt sich in ihrem letzten Rundbrief an ihre Freunde. Es scheint, dass diese junge Seele vollendet ist. Kein Zwang dieser Welt kann eine solche Todessehnsucht mehr verändern: »Ich möchte zurück, zur alten, warmen, bekannten Welt, so wie es einmal war. Dann färbe ich jene Welt mit Träumen, ich gebe ihr Flügel, ich lasse sie blühen. Sie leuchtet.«[100]

Ihre Mutter erkennt diesen Gesamtzusammenhang erst sechs Jahre nach Annas Tod. Nach einer langen schweren Trauer schreibt sie: »Über Wochen hinweg hat sie mit sich gerungen und ihr Vorhaben sorgfältig vorbereitet. Was sie nicht getan hat: Hilfe gesucht. Sie wollte sich nicht zurückhalten lassen. Sie war überzeugt, die Vollkommenheit, die sie suchte, nur im Jenseits bei Gott zu finden.«[101]

Es ließen sich zahlreiche weitere Dokumente um ein religiöses Ringen von Suizidanten zitieren, was aber hier den Rahmen sprengen würde. Zum Abschluss dieses Kapitels über Abschiedsbriefe möchte ich das letzte, auf einen Anrufbeantworter gesprochene Protokoll eines 19-jährigen Suizidanten zitieren. Es entstand kurz bevor der Junge sich in seiner Wohnung erhängte.

Selten gibt es ein solch umfangreiches Abschiedsprotokoll und es trifft den Kern des Denkens vieler heutiger junger Menschen. Die Auseinandersetzung mit diesem Text könnte zu einem neuen Verständnis des Suizids und seinen Beweggründen führen. Christian starb im März 2000.

Christians Protokoll

Christian beginnt seine Ausführungen mit der Aussage, dass die Menschheit in einem falschen Glauben lebt. »Es sagt nicht jeder, was er wirklich denkt, das, was er für richtig hält, und das gibt keine Befriedigung. Es gibt kaum Freundschaft. Es gibt nur Freundschaft in ganz bestimmten Kreisen. Freundschaft ist einfach viel zu wenig da. Jeder ist gegen jeden. Das war's dann. Tschüss! ...

Außerdem glaube ich auch nicht, dass meine Persönlichkeit entwickelt ist – oder weiterentwickelt ist. Ich habe das Gefühl, dass sie noch so kindisch ist. Das merke ich meistens, wenn ich richtig allein bin. Also wenn wirklich keiner bei mir ist. Wenn irgendjemand kommt, dann verstelle ich mich automatisch, ohne dass ich es selber weiß.«

Christian spricht nun davon, dass ihm eigene Lebenserfahrung fehle und er deswegen die Verhaltensweisen anderer oder vorgesetzter Klischees aus dem Fernsehen imitierte, um seine eigenen Gefühle zu verstecken. »Und deswegen habe ich auch vieles übernommen. Meine Persönlichkeit ist dabei auf der Strecke geblieben. Ziemlich sogar, weil ich immer das Gefühl hatte, ich muss mich beweisen. Das stand mir irgendwie alles bis zum Kopf.«

Eine gescheiterte Beziehung nagt an ihm. »Einmal in meinem Leben hatte ich wirklich das Gefühl, dass ich gebraucht werde. Aber die ist jetzt eben auch weg. Ich glaube nicht, dass dafür Platz in dieser Gesellschaft ist. In dieser Gesellschaft muss man etwas leisten, aber ich weiß nicht genau, was ich leisten will.

Das einzige, was mir im Leben Spaß gemacht hat, ist die Musik. Die Musik war immer da für mich. Ich konnte immer auf sie zurückgreifen. Sie hat mich immer abgelenkt von allem. Das war's bis jetzt. Tschüss! ...

Für mich ist das Leben auch da, um darüber zu reden, was man denkt. Aber ich habe das Gefühl, wenn man den Leuten das sagt, was man in dem Augenblick denkt, dass die das eben ausnutzen oder irgendwann einmal darauf zurückkommen. Man kann zu den Leuten nicht ehrlich sein. Die meisten Menschen sind auch nicht ehrlich. Ich rede jetzt im Allgemeinen. Man kann den Menschen nicht die Wahrheit sagen. Man weiß absolut nicht, was der Nächste denkt und das hat alles mit Zufall zu tun. Irgendwie ist das alles Sch...

Wenn ich so darüber nachdenke, dann hat mir im Leben auch die Zuneigung gefehlt – einfach nur die Zuneigung, die jeder Mensch braucht. Ich habe sie eben nicht bekommen. Oder nicht an mich herangelassen. Oder beides, aber zum größten Teil nicht bekommen. Ich hasse das Leben! ...

Ich habe schon öfter versucht, mich umzubringen. Gestern und vorgestern habe ich es auch versucht mit Schlaftabletten. Ich weiß nicht, aber es wirkt nicht so bei mir. Ich weiß nicht ... keine Ahnung ... es klappt eben nicht mal bei einer sehr großen Überdosis. Ich habe auch davor schon öfters versucht, mich umzubringen. Es hat eben nie geklappt. Ich hab's dann immer wieder versucht. Ich sehe jetzt da keinen Sinn mehr darin. Warum? Warum soll ich?

Das war's dann. Ich weiß nicht, ob ich jetzt noch mal was raufspreche. Es fällt mir immer so ein, was mir durch den Kopf geht, was ich noch nicht rauferzählt habe. Und dann komm ich immer her und erzähl's. Ihr seht ja, was mit dem Band passiert. Aber alle sollten es hören. Die sollten dann wirklich das wissen, was ich denke, was mir durch den Kopf geht, was meine Gefühle sind. Das war's dann eben. Vielleicht werde ich noch mal wiederkommen. Ich bin mal gespannt, mal gucken ...

Und wenn ihr denkt, dass es mir leicht fällt, dann irrt ihr euch gewaltig. Es ist für mich auch ein großer Schritt oder Abgang. Also, es fällt mir auf keinen Fall leicht, denn die wenigen Menschen, die mir wirklich etwas bedeuten, die sehe ich einfach nicht fürs ganze Leben. Es zählt irgendwie nicht fürs ganze Leben. Deswegen hasse ich das Leben auch ...

Aber eins möchte ich zum Abschluss noch sagen. Es gibt die physikalischen Gesetze, aber es gibt noch eins mehr: die Gefühle. Das kann kein physikalisches Gesetz erklären. Also muss es ein neues geben. Und dieses Gesetz kann niemand herausfinden.

Wenn man Gefühle unterdrückt, dann ist man angesehen; wenn man alles immer logisch erkennt. Aber sobald es abwärts geht, sobald man es nicht mehr ganz richtig logisch erkennt, sondern vernebelt, also sobald man nicht mehr so richtig denken kann, spielen die Gefühle mit. Und sobald die Gefühle mitspielen, kann man kein richtiges Leben mehr führen – in dieser Gesellschaft, so wie sie jetzt ist.

Ich weiß nicht, also mir ist eigentlich vollkommen egal, was mit mir passiert. Ich werde wahrscheinlich sterben ...? ... hoffe ich mal! Und mit einer anderen Dimension – nein, weiß ich nicht, ich lasse mich überraschen. Wenn ich sage, ich lasse mich überraschen, dann heißt es, dass ich abwarten werde, nein, dass ich gucken werde, was passiert. Dass ich sehen werde, was passiert. Ich werde es auf jeden Fall mitkriegen. Vielleicht sterbe ich für immer, das war's, oder ich komme noch mal wieder. Aber das weiß ich nicht – das ist nur Spekulation. Fernsehen. Deswegen lasse ich mich einfach überraschen.

Noch mal für alle gesagt: Es tut mir Leid, dass ich das machen muss. Wie gesagt, ich muss es machen. Es bleibt mir nichts anderes übrig. Ich komme in dieser Gesellschaft hier nicht klar. Und die Gesellschaft ist eben dafür, dass man die Gefühle verbirgt. Dafür bin ich nicht geboren. Ich bin dafür geboren, das fühle ich einfach, dass man die Gefühle ausprägt, zeigt. Aber dafür sind sie nicht da auf der Welt. Wenn ich meine Gefühle zeige, dann werde ich so behandelt wie – richtig – früher. Und das will ich eigentlich nicht. Früher wurde ich so behandelt in der Klasse wie ein totaler Außenseiter. Ich will nicht immer logisch denken müssen, ich will auch meine *Gefühle* zeigen können.

Ich will einfach, dass die Menschen mich so verstehen, wie ich bin und nicht, wie ich mich zeige!

Mir kann wirklich keiner helfen. Nicht einmal, wenn ich darüber spreche. Ich weiß nicht, ob ihr jetzt damit klarkommt, was ich jetzt erzähle, aber ich hoffe es mal. Ich bin zwar jetzt etwas angetrunken, aber ich meine es eigentlich absolut ernst, so wie ich es meine. Und ihr sollt es wissen, dass es mir wirklich schwer fällt, was ich jetzt mache. Wirklich sehr schwer. Sehr, sehr schwer. Aber es muss sein, weil wenn ich älter werde, bin ich garantiert auch noch so, dass ich nicht meine Gefühle so zeigen kann. Es tut mir so Leid! Ich liebe euch, die Menschen, die mir wirklich was bedeutet haben, die liebe ich. Sehr viele gibt es davon nicht. Es gibt nur ein paar.

Und wenn ich wirklich ich selbst bin, dann geht es einfach nicht, dass ich hier hereinpasse. Es geht nicht, weil ich nehme einfach, nein ich nehme es nicht zu persönlich, aber ich nehme es eben *wörtlich* und ein Wort ist wie ein *Pfeil*, den man abgeschossen hat. Man kann ihn nicht zurückholen, und das wünsche ich mir manchmal, aber ich rede manchmal zuerst, bevor ich denke, weil ich im ersten Augenblick denke, es ist genauso richtig. Wenn ich dann später darüber nachdenke, dann ist es eben auch total falsch, weil eben die Gefühle im Spiel waren. Wenn die Gefühle im Spiel sind, dann ist es genauso, als wenn man es später noch mal überlegt. Dann ist es absolut anders. Deswegen ist es eben absolut Sch..., dieses Leben ... Lebt wohl! ...

Wenn ich es wirklich geschafft hätte, dass Simone bei mir bleibt, dann hätte ich alles überwunden. Aber so geht es eben nicht. So geht es irgendwie nicht. Aber was ist im Leben eine Minute oder vierzig Jahre? Gar nichts!

Und Simone war in meinem Leben der einzige Mensch, den ich geliebt habe. Echt! Ich wiederhole es: Simone war der einzige Mensch, den ich so richtig geliebt habe.«

An dieser Stelle verstummt das Band ...

NACHWORT

Keine Seele geht verloren

Das Protokoll von Christian endet mit dem Denken: Was wäre, wenn? Wenn mich die Freundin geliebt hätte, würde ich heute noch leben. Das Leben ist anders. Das eigene Selbstwertgefühl, die Selbstakzeptanz und Selbstliebe ist ausschlaggebend dafür, ob ein Leben gelingt.

Aus Nachsätzen zu diesem Protokoll eines Abschieds weiß ich von seinem Pflegevater, dass es Christian heute gut geht, und dass er sich weiterentwickelt hat. Sein Mentor war einige Male bei englischen Medien, die einen Kontakt zu Christian hergestellt haben. Diesen Aufzeichnungen ist zu entnehmen, dass sich jeder von uns nach seinem Tod weiterentwickeln wird. Das ist vollkommen unabhängig davon, ob jemand Drogen genommen hat, eines plötzlichen Todes verstorben ist oder einen lange andauernden Sterbeprozess durchlaufen hat: Keine Seele geht verloren, weder die eines Mörders, noch die eines katholischen Priesters. Es gibt lediglich nur unterschiedliche Todesarten – und die sind stets unabhängig davon, was eine Seele nach dem Tod erlebt.

Das Leben, welches wir gelebt haben, ist ausschlaggebend für das, was wir nach unserem Tod erleben. Es ist die Seele des Menschen, die darüber befindet, ob sie noch länger leben *will* oder nicht: Kein Tod ereignet sich zufällig.

Der eigentliche Sinn unseres Lebens ist mit der persönlichen Lebensaufgabe verbunden. Diese ist unabhängig davon, wie alt wir geworden sind. Ein Kind, welches drei Tage nach seiner Geburt verstirbt, hat seine Lebensaufgabe genauso erfüllt, wie jemand, der ein großer Popstar war. Es gibt niemals einen Unterschied in der Wertigkeit des Lebens. Jeder von uns hat eine ganz bestimmte Aufgabe zu erfüllen, und die ist völlig unabhängig davon, ob wir zwei oder fünfundneunzig Jahre alt werden.

Es sind die Hinterbliebenen, die einem Leben einen Wert zumessen oder nicht. Nichts von dem, was geschieht, ist in einem größeren geistigen Sinnzusammenhang sinnlos. Es gibt kein Leben ohne Sinn, selbst, wenn wir ihn nicht verstehen. Jedes Haar ist gezählt, wie jedes Körnchen Sand. Das können wir schon der Bibel entnehmen.

In diesem Buch habe ich das Wissen, welches die Sterbeforschung in den vergangenen dreißig Jahren erarbeitet hat, lediglich konsequent fortgeführt. Ich habe das heute vorliegende Wissen, was mit uns geschieht, wenn wir sterben, in drei vorangegangenen Büchern meinen Lesern vorgestellt: »Auch du lebst ewig« (2000), »Das Leben danach« (2001), »Die Brücke zum Licht« (2002). Demnach gibt es eine Urkraft hinter allem Sein, die wir GOTT nennen.

Das betrifft plötzliche Todesfälle ebenso wie den Suizid, wobei sich Angehörige auf einen plötzlichen Todesfall niemals vorbereiten können. Die einstmals heile Welt bricht zusammen. Das Gefühl der Hilflosigkeit lässt Mauern entstehen zwischen den Hinterbliebenen und den Verstorbenen. Nichts ist geklärt.

Solange wir weiterhin unsere Sterblichkeit verdrängen, bleibt der Tod unheimlich. Ein plötzlicher Tod oder Suizid lösen dadurch irrationale Ängste aus. Das führt dazu, dass wir zu schnell einen *Schuldigen* suchen. Selbst den Suizid wollen wir rational erfassen, als gäbe es einen spezifischen Grund, der fassbar wäre. Wir neigen dazu, vorschnell alles, was geschieht, erklären zu wollen. Dadurch glauben wir, unsere Erfahrungen und die Ereignisse um uns herum kontrollieren zu können.

Ein selbstgewählter Tod aber und auch der plötzliche Tod sprengt die mühsam errichteten Abwehrmechanismen. Solange der Tod – unabhängig von der Todesart – von den Menschen nicht als etwas Natürliches verstanden wird, bleibt er angstbesetzt. Es geht also um unsere Einstellung dem Tod gegenüber. Diese können wir nur verändern, indem wir uns mit dem Wissen über den Sterbeprozess und dem Leben nach dem Tod auseinander setzen. Solange wir das nicht tun, laufen wir vor uns selbst davon.

Das innere Wissen darüber, wie Sterben funktioniert, ist in jedem von uns vorhanden. Nur die Berührungsscheu vor dem Thema und die daraus resultierende Abwehrhaltung lässt uns die Gewissheit, dass wir ewig leben, nicht eingestehen.

Dieses Buch hat gezeigt, dass kein Tod zufällig ist. Es ist immer ein Seelenentscheid vorhanden – die Seele beschließt, den Körper zu verlassen, weil sie gehen *will*. Sterben ist also auf Wollen gerichtet, dafür sucht sich die Seele eine ihr gemäße Todeserfahrung.

Die Sterberfahrung bleibt dabei von der Todesart unberührt. Es mag beim plötzlichen Tod zu Irritationen oder kurzer Orientierungslosigkeit kommen, letztlich bleibt die tröstliche Gewissheit, dass immer Hilfe vorhanden ist. Auch beim Suizid gibt es keine Strafe oder ewige Verdammnis. Jeder Mensch trägt die Konsequenzen seines Lebens – das wird keinem erspart bleiben. Durch den freien Willen erschaffen wir im Hier und Jetzt des Augenblicks seine zukünftigen Konsequenzen. Dabei sollte uns bewusst bleiben, dass jeder von uns seinen eigenen geistigen Weg zu gehen hat, und jeder – auch der schlimmste Mörder oder Tyrann – auf dem Weg zurück in die eigentliche geistige Heimat ist. Auf diesem Weg der Bewusstseinserweiterung, die dann eines Tages zu einer individuellen Verschmelzung mit dem Göttlichen führen wird, geht keine Seele verloren. Was bleibt, ist die Erkenntnis, dass es nur unterschiedliche Bewusstseinszustände gibt. Eigentlich haben wir schon jetzt einen Anteil am Licht der Liebe, der Urkraft hinter allem Sein. Wir müssen es nur erkennen.

ANHANG

Im Anhang finden Sie

- Anmerkungen

- Literatur

- Nützliche Adressen

- Kontakt

- Danksagung

Anmerkungen

[1] »The lancet.« Volume 358. Nr. 15, Dezember. Die Aussagen dieser Studie wurden vom Autor ins Deutsche übertragen.

[2] »Telegraf.« 31. 12. 2001.

[3] »PM Perspektive.« 1/2002.

[4] »Mensch – Beiträge für Morgen.« 4/2002. S. 49.

[5] »Mensch – Beiträge für Morgen.« 4/2002. S. 51.

[6] Sonnenschmidt, Rosina: »Exkarnation – Der große Wandel.« Berlin 2002.

[7] »Exkarnation – Der große Wandel.« S. 85.

[8] »Exkarnation – Der große Wandel.« S. 109.

[9] Wambach, Helen: »Leben vor dem Leben.« München 1980. S. 124 f.

[10] Ebenda, S. 133.

[11] Winkler, Engelbert J.: »Das Abendländische Totenbuch.« Hamburg 1996. S. 55 f.

[12] Vgl. Döring, Dorothea: »Leben in Würde bis zuletzt.« Paderborn 2002. S. 41.

[13] »Verständnisvoll miteinander leben bis zuletzt.« Diverse Herausgeber. Vechta 2002. S. 82.

[14] Atwater, P. M. H.: »Coming Back to Life: The After-Effects of Near Death Experiences.« New York 1988. Vgl. S. 188 f. Dieses Buch ist nicht auf Deutsch erschienen.

[15] Vgl. Noyce, Russel/Kletty, Rey: »The Experience of Dying from Falls.« Omega, Vol. 3, 1972.

[16] Evdokas, Takis: »Der Tod, die große Illusion.« Güllesheim 2002. S. 23.

[17] Ring, Kenneth/Elsaesser-Valarino, Evelyn: »Im Angesicht des Lichts.« München 1999. S. 26 ff.

[18] Ebenda, S. 36 f.

[19] Morse, Melvin/Perry, Paul: »Verwandelt vom Licht.« München 1994. S. 10.

20 Cardinal, Claudia: »Trauerheilung.« Düsseldorf 2002. S. 183.
21 »Überall deine Spuren.« München 2000. S. 125 f.
22 Ebenda, S. 128.
23 Sutherland, Cherie: »Tröstliche Begegnung mit verstorbenen Kindern.« Bern 1998. S. 14.
24 »Überall deine Spuren.« S. 103.
25 Ebenda, S. 70 f.
26 »Tröstliche Begegnung mit verstorbenen Kindern.« S. 35.
27 Vgl. Kübler-Ross, Elisabeth: »Kinder und Tod.« Zürich 1984. S. 150 f.
28 Vgl. »Kinder und Tod.« S. 152 ff.
29 Vgl. »Kinder und Tod.« S. 15 ff.
30 Morse, Melvin/Perry, Paul: »Zum Licht.« München 1994. S. 67.
31 Ebenda, S. 74.
32 »Überall deine Spuren.« S. 117.
33 Ebenda, S. 46 ff.
34 Reitmeier, Christine/Stubenhofer, Waltraud: »Bist du jetzt für immer weg?« Freiburg 1998. S. 74.
35 Roberts, Jane: »Individuum und Massenschicksal.« Genf 1988. S. 34 f.
36 Ebenda, S. 54.
37 Baur, Eva Gesine/Schmid-Bode, Wilhelm: »Und danach?« Hamburg 2003. S. 29 f.
38 Scallion, Gordon Michael: »Notes from the Cosmos.« Chesterfield 1997. S. 120 f.
39 Otzelberger, Manfred: »Suizid.« Berlin 1999. S. 14.
40 Vgl. Crepet, Paolo: »Das tödliche Gefühl der Leere.« Reinbek 1996. S. 13.
41 »Suizid.« S. 46.
42 »Passauer Neue Zeitung.« 24. März 2003.
43 »Suizid.« S. 46.
44 Vgl. Haenel, Thomas: »Suizidhandlungen.« Berlin 1989. S. 144 ff.
45 Wellhöfer, Peter R.: »Suizid und Selbstmordversuch.« Stuttgart 1981. S. 4.
46 »Myers Report.« Berlin 1979. S. 51 f.

47 »Der Tod, die große Illusion.« S. 107
48 Ewald, Günter: »An der Schwelle zum Jenseits.« Mainz 2001. S. 37 f.
49 Ebenda
50 Ritchie, Jean: »Blicke ins Jenseits.« Bergisch-Gladbach 1997. S. 301.
51 Ebenda, S. 303.
52 Ebenda, S. 304.
53 Ebenda, S. 306.
54 Browne, Mary T.: »Jenseits der Schwelle.« München 1995. S. 144 ff.
55 Ritchie, George/Sherrill, Elisabeth: »Rückkehr von morgen.« Marburg 1980. S. 45.
56 Edward, John: »Ein letztes Mal.« München 2002. S. 212 f.
57 Guggenheim, Bill und Judy: »Trost aus dem Jenseits.« Bern 1997. S. 198 f.
58 Meek, Paul: »Der Himmel ist nur einen Schritt entfernt.« München 2002. S. 240.
59 Ebenda, S. 146.
60 Vgl. »Im Angesicht des Lichts.« S. 256.
61 »Trost aus dem Jenseits.« S. 248 f.
62 Ebenda, S. 253.
63 Rothschild, Joel: »Signale.« München 2000. S. 59 f.
64 »Kinder und Tod.« S. 129.
65 Vgl. »Fritz und Fränzi.« Zürich 1/2003.
66 Vgl. Müller, Ingrid (NetDoktor.de): »Im Netz angezettelt.« Vom 6. 5. 2002; Newsmeldung vom 27. 4. 2002 »Ärzte warnen vor Suizidforen.« In: ekd.de Info 03/01.
67 R. Cross, Charles: »Der Himmel über Nirvana.« Höfen 2002. S. 44.
68 Ebenda, S. 210 f.
69 Ebenda, S. 234.
70 Ebenda, S. 282 f.
71 Ebenda, S. 291.
72 Ebenda, S. 306.

73 Ebenda, S. 322.

74 Ebenda, S. 329.

75 Ebenda, S. 335.

76 Ebenda, S. 347.

77 Kujacinski, Dona/Kohl, Peter: »Hannelore Kohl.« München 2002. S. 19.

78 Ebenda, S. 347.

79 Ebenda, S. 349.

80 Ebenda, S. 364.

81 Ebenda, S. 364.

82 Ebenda, S. 367 f.

83 »Jungle World.« 3. 11. 1999.

84 »Magazin 44.« 29. 10. 1999.

85 Lynch, Thomas: »Im Auftrag des Herrn.« München 1999. S. 160.

86 Vgl. Heuermann, Hartmut/Kuzina, Matthias: »Gefährliche Musen.« Stuttgart 1995. S. 180 ff.

87 Aebischer-Crettol, Ebo: »Aus zwei Booten wird ein Floß.« Zürich 2000. S. 146.

88 Dietze, Gabriele: »Todeszeichen.« Darmstadt 1981. S. 106.

89 Kübler-Ross, Elisabeth: »Erfülltes Leben, würdiges Sterben.« Gütersloh 1993. S. 133 f.

90 »Todeszeichen.« S. 80.

91 Ebenda, S. 49.

92 Redfield Jamison, Kay: »Wenn es dunkel wird.« Berlin 2000. S. 85.

93 Ebenda, S. 84.

94 Ebenda, S. 88.

95 Alvarez, Alfred: »Der grausame Gott.« Frankfurt a. M. 1980. S. 118.

96 »Aus zwei Booten wird ein Floß.« S. 144.

97 Ebenda, S. 43.

98 Ebenda, S. 46.

99 Ebenda, S. 48.

100 Ebenda, S. 49.

101 Ebenda, S. 51.

Literatur

Suizid

Aebischer-Crettol, Ebo: »Aus zwei Booten wird ein Floß. Suizid und Todessehnsucht: Erklärungsmodelle, Prävention und Begleitung.« Zürich 2000.

Alvarez, Alfred: »Der grausame Gott.« Hamburg 1999.

Böhle, Solveig: »Damit die Trauer Worte findet. Gespräche mit Zurückgebliebenen nach einem Suizid.« München 1999.

Bronisch, Thomas: »Der Suizid. Ursachen, Warnsignale, Prävention.« München 1996.

Crepet, Paolo: »Das tödliche Gefühl der Leere. Suizid bei Jugendlichen.« Hamburg 1996.

Dietze, Gabriele: »Todeszeichen. Freitod in Selbstzeugnissen.« Darmstadt 1981.

Dioda, Carin / Gomez, Tina: »Warum konnten wir dich nicht halten?« Stuttgart 1999.

Haenel, Thomas: »Suizidhandlungen. Neue Aspekte der Suizidologie.« Berlin 1989.

Otzelberger, Manfred: »Suizid. Das Trauma der Hinterbliebenen. Erfahrungen und Auswege.« Berlin 1999.

Paul, Chris: »Warum hast du uns das angetan? Ein Begleitbuch für Trauernde, wenn sich jemand das Leben genommen hat.« Gütersloh 1998.

Puryear, Anne: »Stephen Lives! My Son Stephen: His Life, Suicide, and Afterlife.« New York 1997.

Redfield Jamison, Kay: »Wenn es dunkel wird. Zum Verständnis des Selbstmords.« Berlin 2000.

Ringel, Erwin: »Das Leben wegwerfen. Reflektionen über Selbstmord.« Wien 1986.

Rothschild, Joel: »Signale. Eine inspirierende Geschichte über das Leben nach dem Leben.« München 2000.

Wellhöfer, Peter R.: »Suizid und Selbstmordversuch.« Stuttgart 1981.

Willemsen, Roger: »Der Selbstmord.« Köln 2002.

Sterben, Tod und Nahtoderfahrung

Atwater, P. M. H.: »Coming Back to Life: The After-Effects of Near Death Experiences.« New York 1988.

Baur, Gesine/Schmid-Bode, Wilhelm: »Und danach? Wie der Tod keine Angst macht.« Hamburg 2003.

Browne, Mary T.: »Jenseits der Schwelle. Erfahrungen einer Hellsichtigen mit Karma, Tod und dem Leben danach.« München 1995.

Cardinal, Claudia: »Trauerheilung. Ein Wegbegleiter.« Düsseldorf 2002.

Döring, Dorothea: »Leben in Würde bis zuletzt.« Paderborn 2002.

Edward, John: »Ein letztes Mal. Mediale Botschaften aus dem Jenseits.« München 2002.

Evdokas, Takis: »Der Tod, die große Illusion.« Neuwied 2002.

Ewald, Günter: »An der Schwelle zum Jenseits. Die natürliche und die spirituelle Dimension der Nahtoderfahrung.« Mainz 2001.

Fenimore, Angi: »Jenseits der Finsternis. Eine Nahtoderfahrung, die in die Schattenwelt führte.« München 1996.

Guggenheim, Bill und Judy: »Trost aus dem Jenseits. Unerwartete Begegnungen mit Verstorbenen.« München 1997.

Hermann, Uwe: »Kinder sterben anders. Eine Hilfe für Betroffene.« Gütersloh 1999.

Ide, Helga: »Mein Kind ist tot. Trauerarbeit in einer Selbsthilfegruppe.« Hamburg 1988.

Grof, Stanislav: »Kosmos und Psyche. An den Grenzen menschlichen Bewusstseins.« Frankfurt a. M. 1997.

Jakoby, Bernard: »Auch du lebst ewig. Die Ergebnisse der modernen Sterbeforschung.« München 2000.

Jakoby, Bernard: »Das Leben danach. Was mit uns geschieht, wenn wir sterben.« München 2001.

Jakoby, Bernard: »Die Brücke zum Licht. Nahtoderfahrung als Hoffnung.« München 2002.

Kessler, David: »In Würde. Die Rechte der Sterbenden.« Stuttgart 2003.

Kübler-Ross, Elisabeth: »Kinder und Tod.« Stuttgart 1984.

Lord, Janice Harris: »Nicht einmal ein Abschiedswort. Trauer nach einem unerwarteten Todesfall.« Stuttgart 1999.

Meek, Paul: »Der Himmel ist nur einen Schritt entfernt.« München 2002.

Morse, Melvin/Perry, Paul: »Verwandelt vom Licht. Über die transformierende Wirkung von Nah-Todeserfahrungen.« München 1994.

Morse, Melvin/Perry, Paul: »Zum Licht. Was wir von Kindern lernen können, die dem Tod nahe waren.« München 1994.

Osis/Haraldson: »Der Tod ein neuer Anfang.« Freiburg 1989.

Reitmeier, Christine/Stubenhofer, Waltraud: »Bist du jetzt für immer weg? Mit Kindern Tod und Trauer bewältigen.« Freiburg 1998.

Ring, Kenneth/Elsaesser-Valarino, Evelyn: »Im Angesicht des Lichts. Was wir aus Nah-Tod-Erfahrungen für das Leben gewinnen.« Kreuzlingen 1999.

Ritchie, George/Sherrill, Elisabeth: »Rückkehr von morgen.« Marburg 1980.

Ritchie, Jean: »Blicke ins Jenseits. Berichte von der Schwelle zum Tod.« Bergisch-Gladbach 1997.

Rothman, Juliet Cassuto: »Wenn ein Kind gestorben ist. Trauerbegleiter für verwaiste Eltern.« Freiburg 1998.

Russell, Peter: »Quarks, Quanten und satori. Wissenschaft und Mystik: Zwei Erkenntniswege treffen sich.« Bielefeld 2002.

Sonnenschmidt, Rosina: »Exkarnation – Der große Wandel.« Berlin 2002.

Sutherland, Cherie: »Tröstliche Begegnung mit verstorbenen Kindern.« München 1998.

Tausch-Flammer, Daniela/Bickel, Lisa: »Spiritualität der Sterbebe-

gleitung. Wege und Erfahrungen.« Freiburg 1997.
Verwaiste Eltern München e. V.: »Überall deine Spuren. Eltern erzählen vom Tod ihres Kindes.« München 2000.
Wambach, Helen: »Leben vor dem Leben.« München 1980.
Wiese, Anja: »Um Kinder trauern. Eltern und Geschwister begegnen dem Tod.« Gütersloh 2001.
Wilber, Ken: »Vom Tier zu den Göttern. Die große Kette des Seins.« Freiburg 2001.
Winkler, Engelbert J.: »Das Abendländische Totenbuch.« Hamburg 1996.
»Verständnisvoll miteinander leben bis zuletzt.« Diverse Herausgeber. Vechta 2002.

Verwandte sonstige Literatur

Cross, Charles R.: »Der Himmel über Nirvana. Kurt Cobains Leben und Sterben.« Höfen 2002.
Heuermann, Hartmut/Kuzina, Matthias: »Gefährliche Musen. Medienmacht und Medienmißbrauch.« Stuttgart 1995.
Kujacinski, Dona/Kohl, Peter: »Hannelore Kohl. Ihr Leben.« München 2002.
Lynch, Thomas: »Im Auftrag des Herrn. Lebensansichten eines Bestatters.« Berlin 1999.
Roberts, Jane: »Individuum und Massenschicksal.« München 1988.
Scallion, Gordon Michael: »Notes from the Cosmos.« Chesterfield 1997.
Reuter, Christoph: »Mein Leben ist eine Waffe. Selbstmordattentäter. Psychogramm eines Phänomens.« München 2002.

Nützliche Adressen

AGUS e. V., Angehörige um Suizid,
Wichernstr. 1, 95447 Bayreuth, Tel. 09 21/6 61 10
Es gibt bereits zahlreiche AGUS-Regionalgruppen.

ALPHA Rheinland,
Von-Hompesch-Str. 1, 53123 Bonn, Tel. 0 22 08/74 65 47

ALPHA Westfalen,
Salzburgweg 1, 48145 Münster, Tel. 02 51/23 08 48

Die Arche, Selbstmordverhütung und Hilfe in Lebenskrisen e. V.,
Viktoriastr. 9, 80803 München, Tel. 0 89/33 40 41

*Bundesarbeitsgemeinschaft Hospiz zur Förderung von ambulanten,
teilstationären und stationären Hospizen und Palliativmedizin e. V.,*
Am Weiherhof 23, 52382 Niederzier, Tel. 0 24 28/80 29 37

Deutsche AIDS-Hilfe e. V.,
Dieffenbachstr. 33, 10967 Berlin, Tel. 0 30/6 90 08 70

Deutsche Hospiz Stiftung,
Im Defahl 5–10, 44229 Dortmund, Tel. 02 31/7 38 07 30

Deutsche Krebshilfe e. V.,
Thomas-Mann-Str. 40, 53111 Bonn, Tel 02 28/72 99 00

Deutscher Kinderhospizverein e. V.,
Kupferweg 6, 57462 Olpe, Tel. 0 27 61/96 95 55

DOMINO, Zentrum für trauernde Kinder e. V.,
Auf dem Broich 24, 51519 Odenthal, Tel. 0 21 74/43 99

GEPS Deutschland e. V., Gemeinsame Elterninitiative Plötzlicher Säuglingstod,
Rheinstr. 26, 30519 Hannover, Tel. 05 11/8 38 62 02

IGSL – Internationale Gesellschaft für Sterbebegleitung und Lebensbeistand e. V.,
Zeppelinstr. 6, 55411 Bingen, Tel. 0 67 21/1 03 18

Initiative Regenbogen, Glücklose Schwangerschaft e. V.,
www.glueklose-schwangerschaft.de
Kontaktkreis für Eltern, die ihr Kind vor, während oder kurz nach der Geburt verloren haben.

NEUhland,
Nikolsburger Platz 6, 10717 Berlin, Tel. 0 30/8 73 01 11
Beratungsstelle für suizidgefährdete Jugendliche und deren Eltern.

OMEGA – Mit dem Sterben leben e. V.,
Bundesgeschäftsstelle, Postfach 1407, 34346 Hann. Münden,
Tel. 0 55 41/48 81 oder 53 56

Telefonseelsorge,
Tel. 08 00/1 11 0 111 (evangelisch),
Tel. 08 00/1 11 02 22 (katholisch),
Kinder- und Jugendtelefon 08 00/1 11 03 33

Verwaiste Eltern in Deutschland e. V., Bundesstelle,
Fuhrenweg 3, 21391 Reppenstedt, Tel. 0 41 31/6 80 32 32

Österreich

Dachverband von Palliativ- und Hospizeinrichtungen,
Lainzer Str. 138, A-1130 Wien

Kriseninterventionszentrum,
Spitalgasse 11, A-1090 Wien, Tel. 02 22/4 39 59 50

Kriseninterventionszentrum Linz, Tel. 07 32/2 17 78

Verwaiste Mütter, Väter, Geschwister
Elisabeth Maurer, Schererstr. 50/4/9, A-1210 Wien
Versammlungsort: Amalienstr. 21–33, Zi. 14, Wien 13

Schweiz

Verein Regenbogen Schweiz,
Ursula Beerli, Glärnischstr. 11, CH-8632 Tann, Tel. 0 55/2 41 15 05,
www.verein-regenbogen.ch
Gruppen von Eltern, die ein Kind durch Suizid verloren haben.

Stiftung Begleitung in Leid und Trauer, Tel. 0 52/2 69 02 12,
www.leidundtrauer.ch

Stiftung Pro Mente Sana, Tel. 08 48/80 08 58,
www.promentesana.ch
Beratung bei Problemen im Zusammenhang mit psychischen
Krisen.

Kontakt

Bei Interesse an Seminaren und Vorträgen oder einem Kontaktwunsch mit dem Autor: www.sterbeforschung.de

Wenn Sie eigene Erlebnisse mitteilen möchten, können Sie diese schriftlich an folgende Adressen schicken:

Elisabeth Noll
Bahnhofstraße 8
94099 Ruhstorf

oder

Bernard Jakoby
c/o Verlag Langen Müller
Thomas-Wimmer-Ring 11
80539 München

Danksagung

Ich danke

– dem gesamten Verlagsteam für die Unterstützung meiner Arbeit, besonders meinem Lektor Hermann Hemminger für die wertvollen Hinweise bei der Erstellung des Manuskripts;

– meinen Freunden, die mich, wenn ich ihren Rat brauchte, nie im Stich gelassen haben: Alexander Rolfes, Nicki Bausch und besonders Axel Andree, der mich unermüdlich in schwierigen Krisen bedingungslos unterstützte;

– Elisabeth Noll für ihren Einsatz und für ihren wunderbaren Beitrag zu meiner Arbeit;

– den vielen Menschen, die mir ihr Vertrauen schenken;

– meiner verstorbenen Mutter für ihre unermüdliche Hilfe aus der anderen Welt;

– Markus Neumann, meinem buchstäblichen Retter in der Not, meinem Sekretär und Freund;

– und: ein Dank an den Himmel über mir, der mich dahin geleitet hat, wo ich heute stehe.

Bernard Jakoby

Diese Bücher spenden Mut und Lebenssinn

Gesetze des Jenseits

Das Vermächtnis der geistigen Welt zum Thema Leben, Tod und Unsterblichkeit: Bernard Jakoby öffnet sich für den Kontakt mit seiner Dualseele und wird so zu einem Kanal für die jenseitige Welt. Die Botschaften, die er erhält, öffnen den Geist für die Ewigkeit des Lebens und für ein allumfassendes Bewusstsein der Liebe.

208 Seiten, ISBN 978-3-485-01193-8, nymphenburger

Alles wird gefügt

Dieses Buch hilft zu erkennen, wie der Himmel unser Leben fügt. Neben Ritualen für die Sterbebegleitung wird das Tabuthema Organspende analysiert und die Problematik der erdgebundenen Seelen angesprochen.

240 Seiten, ISBN 978-3-7844-3013-3, Langen*Müller*

Wir sterben nie

Eine lichtvolle Gesamtdarstellung darüber, was wir heute über das Jenseits wissen können. Nahtoderfahrungen, Nachtodkontakte, mediale Schilderungen und moderne Rückführungserfahrungen zeigen, dass unser Leben nach dem Tod weitergeht.

264 Seiten, ISBN 978-3-485-01117-4, nymphenburger

Begegnung mit dem Licht (CD)

Bernard Jakoby gibt konkrete Hinweise zur Sterbebegleitung, beschreibt den inneren Sterbeprozess und erläutert das Thema Nachtodkontakte. Seine einfühlsamen Texte helfen bei der Bewältigung von schmerzhaften Verlusten und ermöglichen den angstfreien Umgang mit dem Tod.

1 CD, ISBN 978-3-7844-4096-5, Langen*Müller* I **Hörbuch**

Bücher von Bernard Jakoby bei
Langen*Müller* und *nymphenburger*

www. langen-mueller-verlag.de I www.nymphenburger-verlag.de

Hoffnung auf ein Wiedersehen

Der bekannte Sterbeforscher erklärt, wie liebevolle Sterbebegleitung aussehen kann, was beim Sterben und danach geschieht und wie Trauer und Verlust verarbeitet werden können. Konkrete Lebenshilfe für alle, die mit dem Sterben und Tod eines geliebten Menschen konfrontiert sind.

152 Seiten, ISBN 978-3-485-01301-7, nymphenburger
auch als Hörbuch, vom Autor selbst gelesen:
1 CD, ISBN 978-3-7844-4224-2, Langen*Müller* | **Hörbuch**

Auch du lebst ewig

Die große Gesamtdarstellung der Erkenntnisse der Sterbeforschung. Alle erwartet ein Leben nach dem Tod und wir müssen keine Angst vor dem Sterben haben.

224 Seiten, ISBN 978-3-7844-2775-1, Langen*Müller*

Die Brücke zum Licht

Medizinische Studien belegen, dass Bewusstsein unabhängig vom Körper existiert. Der Autor beschreibt die Bedeutung der Nahtoderfahrungen für unser Leben.

256 Seiten, ISBN 978-3-7844-6025-3, Langen*Müller*

Das Leben danach

Bernard Jakoby erklärt das vielfältige heute erforschte Wissen über das Jenseits, was mit uns beim Sterben geschieht und wie das Weiterleben nach dem Tod beschaffen ist.

240 Seiten, ISBN 978-3-485-01215-7, nymphenburger

Geheimnis Sterben

Dieses Buch schildert genauestens, was beim Sterben im Menschen abläuft. Dabei zeigt sich, dass die Visionen Sterbender ein integraler Bestandteil des Sterbeprozesses sind. Ein unverzichtbarer Ratgeber für die Sterbebegleitung.

208 Seiten, ISBN 978-3-7844-2977-9, Langen*Müller*

Bücher von Bernard Jakoby bei
Langen*Müller* und *nymphenburger*

www.langen-mueller-verlag.de | www.nymphenburger-verlag.de